VÓRTEX

VÓ

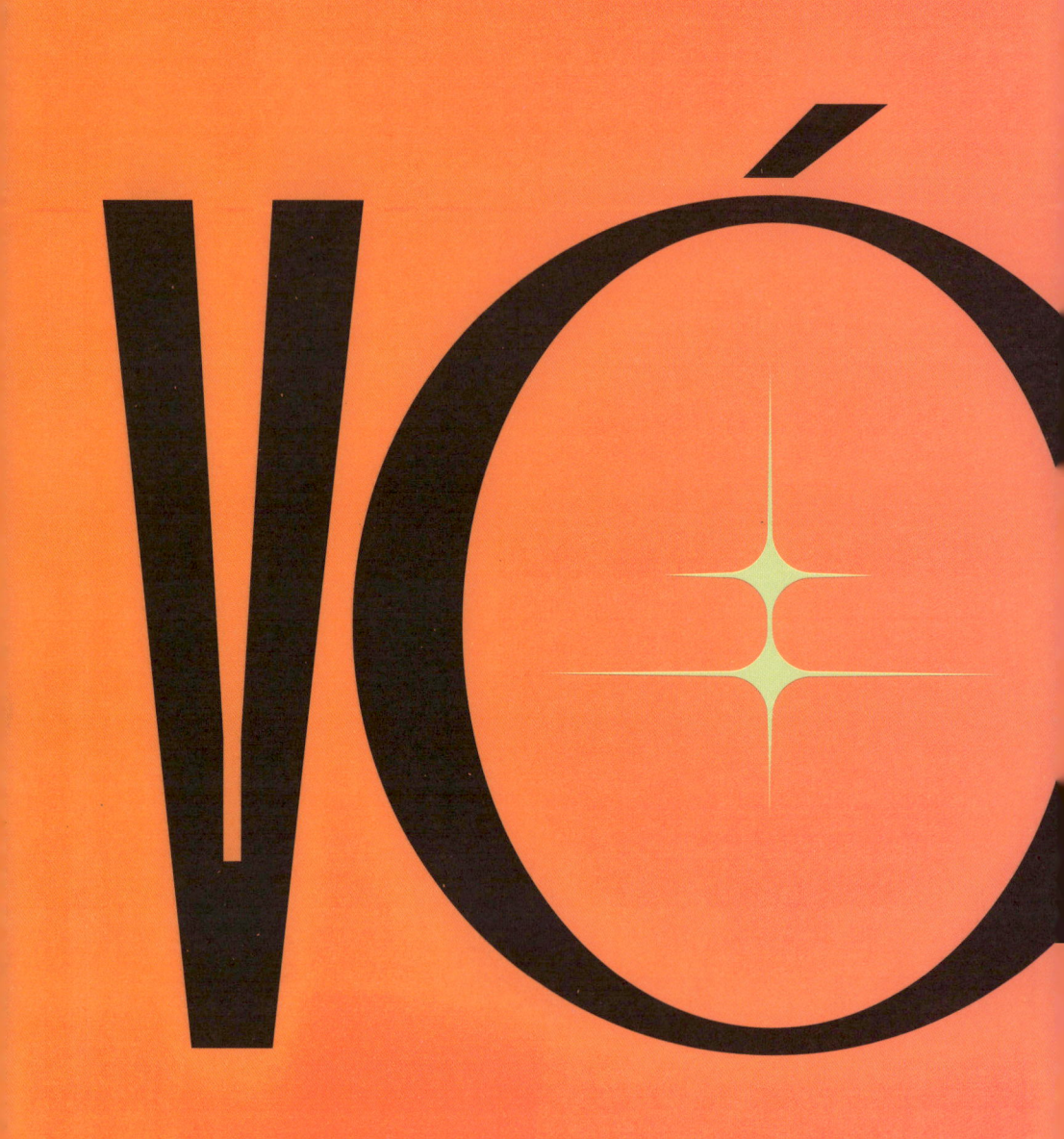

LUCIA SEIXAS

RTEX

ilustrações Magenta

1ª edição FTD

FTD

Copyright © Lucia Seixas, 2023

Reprodução proibida: Art. 184 do Código Penal e Lei 9.610 de 19 de fevereiro de 1998.
Todos os direitos reservados à
EDITORA FTD
Rua Rui Barbosa, 156 — Bela Vista — São Paulo — SP
CEP 01326-010 — Tel. 0800 772 2300
www.ftd.com.br | central.relacionamento@ftd.com.br

DIRETOR-GERAL Ricardo Tavares de Oliveira
DIRETOR DE CONTEÚDO E NEGÓCIOS Cayube Galas
GERENTE EDITORIAL Isabel Lopes Coelho
EDITOR Estevão Azevedo
EDITORA-ASSISTENTE Aline Araújo
ANALISTA DE RELAÇÕES INTERNACIONAIS Tassia Regiane Silvestre de Oliveira
COORDENADOR DE PRODUÇÃO EDITORIAL Leandro Hiroshi Kanno
PREPARADORA Lívia Perran
REVISORAS Marina Nogueira e Kandy Saraiva
EDITORES DE ARTE Daniel Justi e Camila Catto
PROJETO GRÁFICO E DIAGRAMAÇÃO Luísa Zardo
DIRETOR DE OPERAÇÕES E PRODUÇÃO GRÁFICA Reginaldo Soares Damasceno

---

Dados Internacionais de Catalogação na Publicação (CIP)
(Câmara Brasileira do Livro, SP, Brasil)

Seixas, Lucia
Vórtex / Lucia Seixas ; ilustrações Magenta. — 1. ed. — São Paulo :
FTD, 2023.

ISBN 978-85-96-04053-2

1. Ficção científica — Literatura infantojuvenil
I. Magenta. II. Título.

23-148546	CDD-028.5

Índices para catálogo sistemático:
1. Literatura infantil 028.5
2. Literatura infantojuvenil 028.5

Tábata Alves da Silva — Bibliotecária — CRB-8/9253

A - 937.450/25

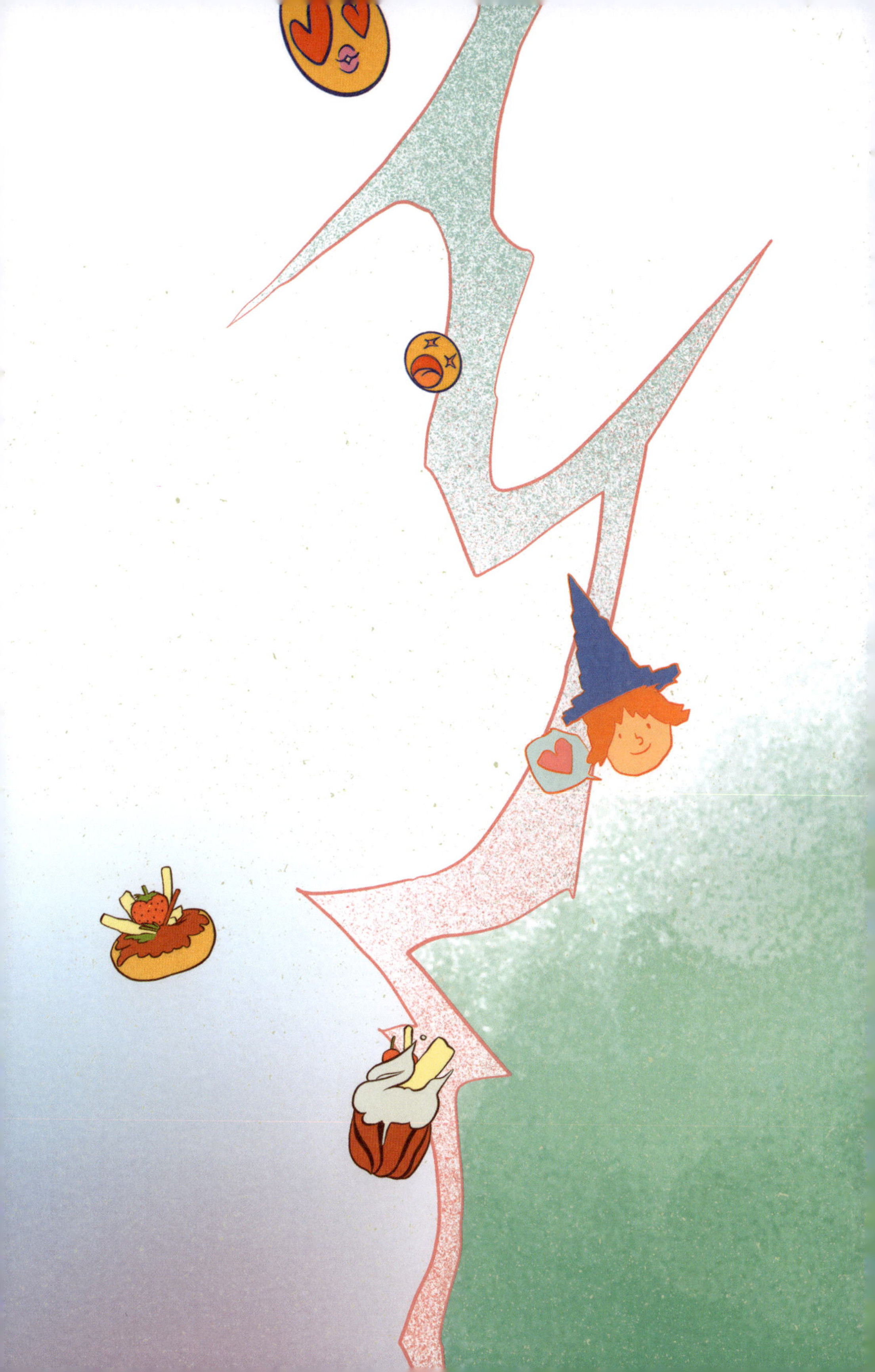

CAPÍTULO	01

9

CAPÍTULO	02

17

CAPÍTULO	03

27

CAPÍTULO	04

31

CAPÍTULO	05

37

CAPÍTULO	06

43

CAPÍTULO	07

53

CAPÍTULO	08

63

CAPÍTULO	09

73

| CAPÍTULO | 10 |

79

| CAPÍTULO | 11 |

83

| CAPÍTULO | 12 |

91

| CAPÍTULO | 13 |

97

| CAPÍTULO | 14 |

107

| CAPÍTULO | 15 |

113

| CAPÍTULO | 16 |

121

| CAPÍTULO | 17 |

127

| EPÍLOGO |

139

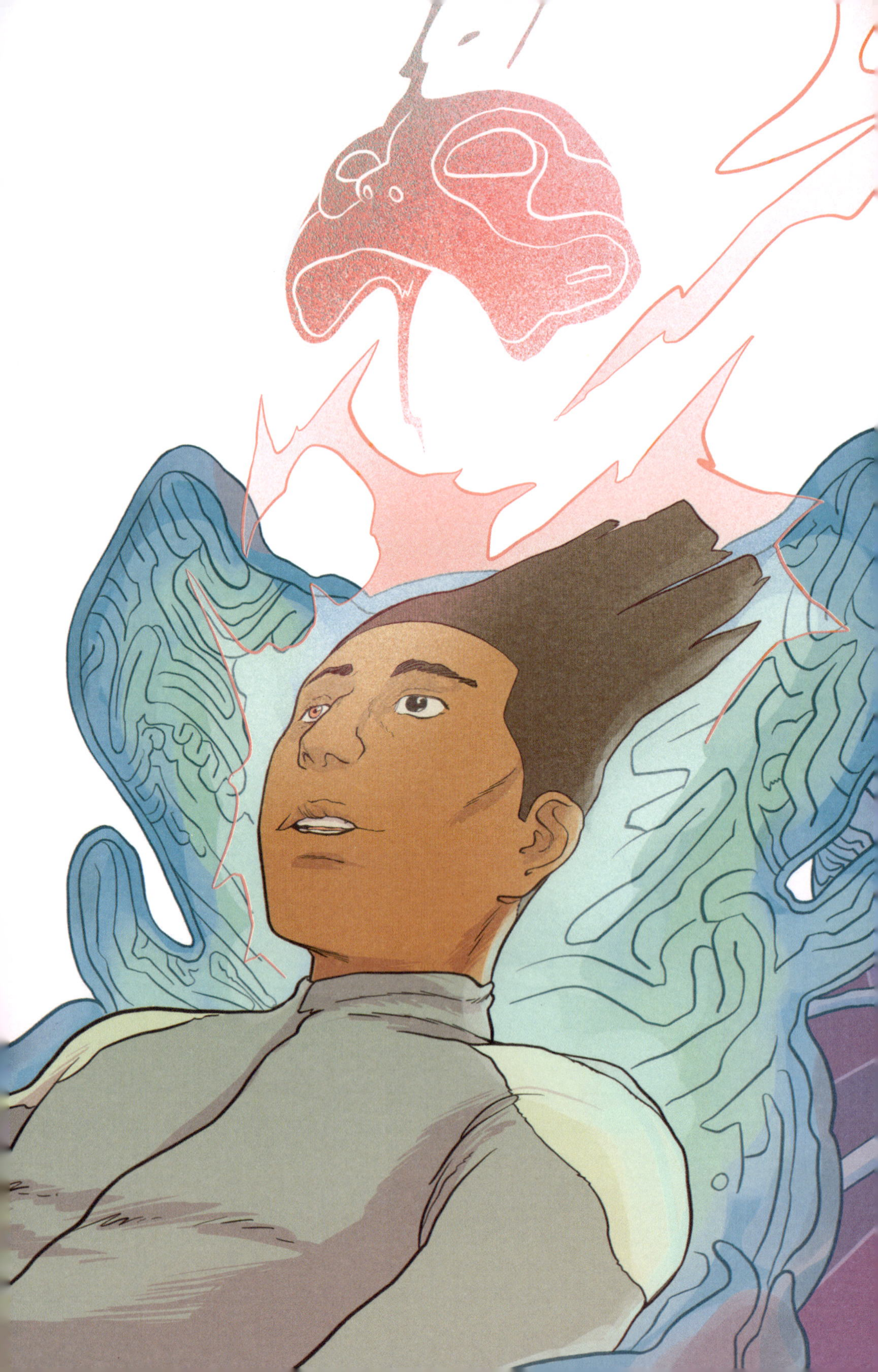

CAPÍTULO 01

Tom desconectou-se da vida que tivera cerca de trezentos anos atrás. Espreguiçou-se na poltrona olhando para o teto da cabine, de onde pendia a pequena máscara que havia pouco cobria seus olhos, nariz e ouvidos. Não pôde conter um sorriso de satisfação. Nada lhe dava mais prazer do que o tempo que passava ali, naquele espaço estreito, onde podia viajar pelas vidas que vivera no passado.

As sensações que experimentara ainda estavam dentro dele. Em 1890, chamava-se Augusto e vivia com mais três amigos numa casa pequena; era o que se costumava chamar de república de estudantes. Havia chegado do interior para cursar Direito na cidade, e no início se hospedou numa casa onde se alugavam quartos. Mas logo conheceu rapazes como ele, vindos também do interior. Resolveram alugar juntos uma casinha, a quinze minutos a pé da faculdade.

Na noite em que Tom visitara aquela sua vida passada, Augusto e seus amigos estavam trocando pequenas cartas de papel sobre a mesa da cozinha. Era algo como um jogo, que Tom não conseguiu compreender muito bem. Eles pareciam se divertir bastante, quando a porta da casa se abriu e outros jovens entraram e espalharam-se pela sala. Em pouco tempo estavam todos conversando e cantando.

Quando os créditos de Tom acabaram e sua viagem foi interrompida, ele se sentiu incompleto. Queria saber como aquela noite iria terminar. Mas também estava feliz com o pouquinho que experimentara daquela sua vida passada. Adoraria que sua realidade fosse como naquele tempo, quando nem mesmo a profissão era algo certo na vida. Augusto não tinha mais certeza de que queria ser advogado. Estava encantado com o movimento impressionista, começava a achar que talvez fosse mais feliz na Academia de Belas-Artes.

Aquele era mesmo um tempo bem diferente do que Tom vivia, em 2187, quando "predição" era a palavra de ordem. Tudo era previsível e calculado. Qualquer pessoa tinha livre acesso aos sistemas que rascunhavam a própria vida. Diziam qual profissão mais combinava com sua personalidade, que tipo de perfil era mais apropriado para uma amizade, um casamento. As máquinas também indicavam os melhores exercícios físicos, os alimentos mais adequados, as melhores formas de lazer. Tudo personalizado e com um grau de acerto capaz de convencer a todos que aquela era a melhor maneira de viver.

Tom não era como os demais, não acreditava em nada daquilo. Por isso, as viagens às suas vidas passadas naquelas pequenas cabines significavam muito mais do que mera diversão. Ali, revivendo as vidas que já vivera, ele encontrava felicidade, empolgação, emoção. Era no passado que ele se sentia realmente vivo.

✦✦✦

Dois clientes no ano de 2183, três em 2184, mais quatro em 2185, seis em 2186. No total, quinze clientes em quatro anos.

Lina não tinha dúvidas de que uma grande ameaça espreitava a Vórtex Company, a gigante mundial das telecomunicações, cuja tecnologia de acesso a dimensões específicas da consciência oferecia aos clientes viagens às suas vidas passadas. O sucesso da Vórtex era um fenômeno só comparável com o acoplamento das redes sociais aos aparelhos de telefonia móvel, que viciou uma legião de pessoas no início do terceiro milênio. Mas o modelo de negócios da companhia era ainda mais lucrativo. Cada cliente da Vórtex tornava-se um cliente para sempre, porque a curiosidade sobre o próprio passado não tinha limites.

A ameaça era clara para Lina. A cada ano que passava, aumentava o número de "clientes suspensos" — como a Vórtex chamava aqueles que nunca voltavam a utilizar os serviços da empresa. Eles eram encontrados nas cabines da companhia, recostados nas confortáveis poltronas, ainda com suas máscaras acopladas ao rosto, mas sem nenhum sinal de vida.

Como diretora de segurança da subsidiária brasileira da Vórtex, Lina achava que era seu dever levantar aqueles dados incômodos na companhia. O ano de 2187 estava apenas começando e dois casos já haviam sido registrados: um em Buenos Aires, na Argentina, e outro em Sydney, na Austrália. Lina acompanhava as ocorrências pelos relatórios secretos de segurança da Vórtex.

— Nós temos uma equipe inteira estudando o caso na matriz — disse Hervana, CEO da Vórtex Brasil. — E até agora não há comprovação de que o problema tenha qualquer relação com os nossos serviços.

— Mas você há de reconhecer que é muito estranho que todos esses clientes tenham a mesma causa de morte. Por que todos morreram de "causas naturais"? — perguntou Lina.

— Porque as pessoas morrem de causas naturais! — respondeu Hervana.

— Mas a maioria dessas pessoas é jovem! Há algo muito estranho em tudo isso!

— Lina, eu admiro a sua preocupação, mas nós estamos falando de três, quatro pessoas dentre os milhões de clientes que temos no mundo!

— Dezessete, Hervana! Dezessete pessoas!

Hervana suspirou fundo, demonstrando cansaço com o assunto. Perguntou a Lina se já podiam passar para a reunião com o pessoal do *marketing*. Precisavam cuidar do lançamento do plano PastPlus-5, o PP-5, que dava direito a viagens mais potentes a vidas passadas, com sensações mais reais e maior aderência à memória pessoal.

— Sim, claro, desculpe. É que eu achei importante relatar esses dados. É a minha área, você entende...

Hervana retomou seu ar amigável e sorriu. Lina era uma excelente profissional de segurança, a melhor de todas. Por isso dirigia a área. Mas vinha sendo inconveniente retomando a todo momento a questão dos clientes suspensos, justamente quando a companhia estava lançando um produto tão importante.

— Lina, nosso foco neste momento é outro. Temos que conseguir o máximo de adesões ao PP-5; é fundamental que esse lançamento seja um sucesso. Então, por favor, não vamos mais comentar esse caso até que tenhamos uma posição concreta da matriz. Conto com a sua discrição. Aqui na companhia e fora dela.

— Claro, Hervana. Eu também prezo a segurança das nossas informações, faz parte do meu trabalho.

— Ótimo! Agora sente-se, o pessoal do *marketing* já está a caminho. Eles vão nos dar o último posicionamento da nossa promoção de lançamento do PP-5.

Lina concordou e sentou-se ao lado de Hervana. Precisava aprender o melhor momento para levantar problemas. E aquele era um momento crítico na companhia. No dia seguinte, o PP-5 seria lançado simultaneamente em várias cidades do mundo. No Brasil, a equipe de *marketing* da Vórtex havia promovido um sorteio. Clientes novos ou que tivessem o PP-4 poderiam participar. Dez mil sorteados receberiam gratuitamente o *upgrade* para o PP-5, além de um desconto de dez por cento nos primeiros seis meses da adesão anual.

O pessoal do *marketing* entrou na sala e se acomodou à mesa da diretoria. Todos estavam animados.

— Então, Roberto, como vai a campanha? — perguntou Hervana.

— Bem, muito bem — respondeu ele. — Como vocês podem observar, o número de inscrições superou as nossas expectativas.

Na tela, um gráfico com curva ascendente mostrava o aumento das inscrições. Ao lado, os números em tempo real. A cada minuto, cerca de trinta inscrições eram feitas.

— Essa promoção vai aumentar de vez a nossa posição global — disse Hervana, sorrindo.

— E, se todas as pessoas que se inscreveram e não foram sorteadas aderirem logo ao PP-5, bateremos nossa meta! — exclamou Roberto.

— E logo seremos a subsidiária da Vórtex mais lucrativa do planeta! — completou Hervana.

Um participante da reunião levantou a mão. Era Diogo, da área de relacionamento com o cliente.

— O que foi, Diogo? — perguntou Hervana.

— É sobre a nossa última pesquisa de satisfação...

— Fale um pouco mais alto, por favor — pediu Hervana.

— A nossa última pesquisa de satisfação mostra que houve um declínio importante...

— Como assim? — perguntou Roberto. — Por que eu não fui informado disso antes?

Diogo desculpou-se, havia recebido os números naquele momento. E exibiu o gráfico na tela.

— Está aqui! — disse ele, apontando para a imagem.

O gráfico era claro: mais da metade dos clientes entrevistados não aprovava o tempo de espera pelo resultado do sorteio, eles prefeririam saber se haviam sido contemplados ou não no momento da inscrição.

Hervana sorriu, pois já previa aquele resultado. Um sorteio poderia de fato causar certa insatisfação na clientela. Afinal, ninguém gostava de surpresas. Mas ela esperava que a ansiedade gerada nos clientes não sorteados os levasse a aderir imediatamente ao novo plano. Era uma estratégia arriscada, mas ela havia decidido correr o risco.

— Eu espero que o seu plano dê certo! — disse Roberto.

— Vai dar — disse Hervana. — Amanhã os clientes sorteados já estarão comentando as vantagens do PP-5 e ninguém vai querer ficar de fora. Se batermos nossa meta em uma semana, ingressaremos no Grupo Ouro da Vórtex, o que será ótimo para todos nós!

A Vórtex Brasil estava de fato em seu melhor momento. Se a meta de vendas do plano PP-5 fosse alcançada, a companhia ingressaria no seleto grupo de subsidiárias que lançaria dentro de pouco tempo o PP-1000, um plano móvel destinado a eliminar as lojas físicas da companhia. A portabilidade do sistema já era possível, aguardava-se apenas a comprovação da fidelidade dos clientes da subsidiária brasileira. A qualquer tempo, e em qualquer lugar, os clientes poderiam acessar suas vidas passadas.

PARA A VÓRTEX NÃO HAVIA LIMITES. O PASSADO ERA O NEGÓGIO DO FUTURO.

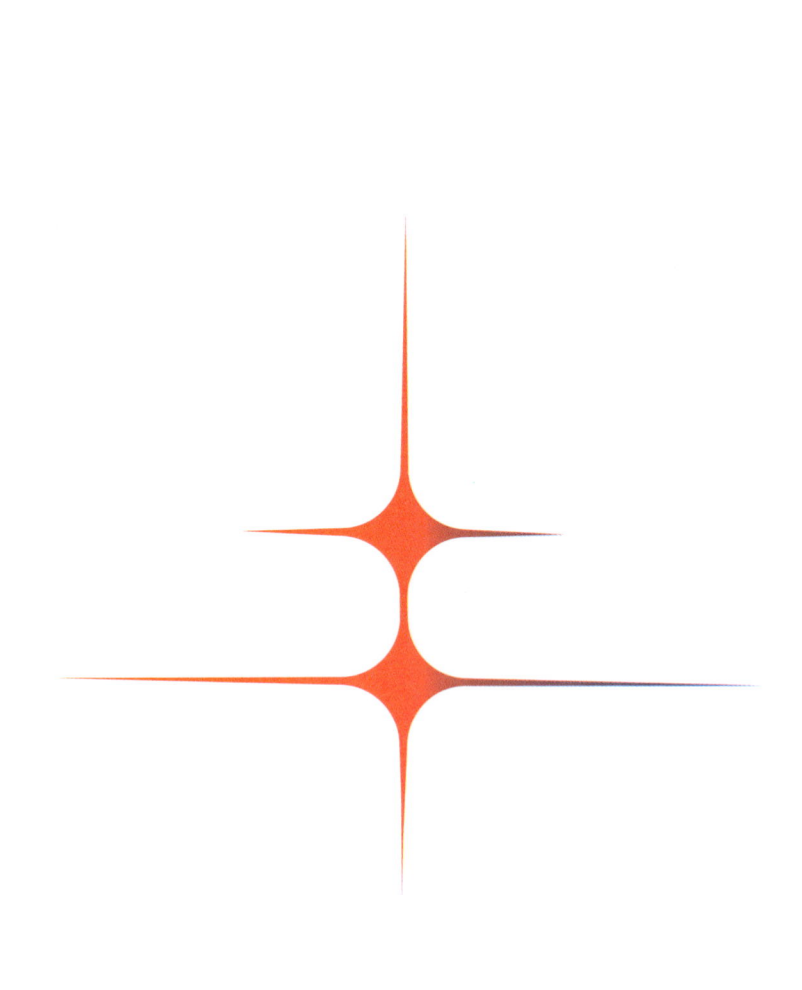

CAPÍTULO 02

Em 2187, a vida havia mudado bastante na Terra. Casamento, namoro, trabalho, férias, tudo era imune a surpresas, ninguém estava à mercê da própria sorte. Sistemas que cruzavam dados pessoais, históricos, econômicos, meteorológicos e genéticos cuidavam para que muito pouco do que se planejava deixasse de acontecer. A raça humana, ou boa parte dela, havia finalmente alcançado o controle da própria existência.

Era no passado, portanto, que muitas pessoas encontravam sua maior fonte de prazer. Lá estavam o inesperado, a surpresa, o incontrolável, as emoções mais verdadeiras. Por isso a Vórtex havia se tornado uma das companhias mais lucrativas do planeta, fornecedora de emoção e alegria para boa parte dos habitantes da Terra.

Lina pensava em seu futuro na Vórtex enquanto voltava para casa. O lançamento do PP-5 lhe parecia precipitado. A questão dos clientes suspensos deveria ser a prioridade da companhia antes de qualquer novo produto. Gostaria de ser integrada à equipe da matriz que investigava o caso. Pensava em propor uma colaboração, sabia que poderia contribuir. Apesar de poderosa, a Vórtex tinha inimigos, e um escândalo daquelas proporções viria bem a calhar para diminuir a força da empresa no mercado.

Vez por outra surgiam movimentos contra a Vórtex, mas eles nunca conseguiam ir muito adiante. Recentemente, um grupo alegara que as viagens ao passado eram perigosas, pois poderiam causar transtornos de comportamento. Pouco antes, haviam dito que a Vórtex não passava de uma grande farsa. Mas nenhum grupo era tão grande e poderoso quanto o dos clientes fiéis da companhia.

Lina tinha um representante deste último grupo em casa: Tom, seu irmão mais novo. Ele era o cliente perfeito da Vórtex, aquele capaz de gastar todo o dinheiro que tinha em créditos para o PastPlus. E a companhia tinha traçado um plano para fidelizar ainda mais clientes como ele.

Em casa, Tom aguardava ansioso por Lina. A todo momento consultava seu dispositivo para conferir a proximidade dela. Arrumou a mesa, preparou a refeição preferida da irmã. Jantariam juntos.

A porta da casa se abriu e Lina mal teve tempo de entrar. Tom já estava ao seu lado, ansioso.

— E então, Lina? Quantas pessoas se inscreveram?

Lina olhou aborrecida para o irmão. Ele não queria mesmo entender a posição dela. Ser diretora de segurança da Vórtex não lhe dava o direito de passar informações da companhia. E ele não podia esperar até o dia seguinte?

— Mas eu só quero saber quais são as minhas chances! — insistiu Tom.

— Eu já disse que não é ético dar uma informação da companhia para o meu irmão. Imagine se alguém descobre...

— Mas eu só quero saber com quantas pessoas eu estou concorrendo...

— Não, Tom! Juro que eu não entendo por que você está tão ansioso! Não é você quem se diz contra "esse sistema que planeja tudo, que sabe tudo, que nos tira o poder de decisão sobre nossas próprias vidas"? Pois então acostume-se à ansiedade e espere até amanhã para saber se foi ou não sorteado.

Tom não tinha mais argumentos. De fato, ele detestava aquela realidade certinha e sem surpresas em que viviam, mas estava disposto a abrir mão de suas convicções apenas daquela vez. Queria muito saber logo quantas pessoas estavam concorrendo com ele na promoção de lançamento do PP-5. Um *upgrade* gratuito e seis meses de desconto no novo plano seriam muito bem-vindos.

— Além disso, Tom, você perde tempo demais na sua vida com essas viagens. Tempo e dinheiro! — disse Lina. E aproximando-se mais do irmão: — Por acaso você sabe quanto gasta em créditos para o PastPlus por mês?

Tom sabia que não gastava pouco. Resolveu deixar a conversa de lado e servir o jantar. Os dois sentaram-se à mesa, em silêncio.

Lina orgulhava-se de Tom. Ela e o irmão saíam-se bem sozinhos, desde que seus pais foram passar uma temporada numa colônia em Gliese, a 22 anos-luz da Terra. Eles foram trabalhar na criação de estruturas para novas povoações. Lina tinha um bom emprego na Vórtex, e Tom ficara encarregado de cuidar do Cassiopeia Food, o restaurante da família, mas sua compulsão pelas viagens da Vórtex preocupava Lina. Seu irmão parecia gostar muito mais de suas vidas passadas do que de sua realidade.

Os dispositivos de Lina e Tom anunciaram a chegada de alguém. Era Cíntia, namorada de Tom. A porta da casa se abriu e ela juntou-se aos dois, sorridente. Adorava as refeições que Tom preparava e gostava muito de conversar com Lina. Cíntia não escondia que seu maior sonho era ingressar numa companhia como a Vórtex.

— E então, Cíntia? Como vão os estudos? — perguntou Lina.

— Vão bem, Lina, obrigada. Eu acabei de renovar meu prognóstico profissional, estou esperando o resultado. Na semana que vem, devo ingressar no curso que me indicarem.

— Que bom, Cíntia! Agora só falta o Tom fazer o mesmo.

Aquele era um assunto de que Tom não gostava. Seu prognóstico profissional estava vencido, o último havia sido feito quando ele tinha catorze anos. Ele teria que renová-lo para receber a indicação da área de atuação mais adequada ao seu perfil e então prestar exames para entrar no curso que os sistemas lhe indicassem.

Tom levantou-se da mesa avisando que ia buscar a sobremesa, e Lina aproveitou para saber um pouco mais de Cíntia. O namoro dela com Tom era recente.

— E você tem ideia de quais são as suas aptidões?

— Eu gosto de várias áreas, mas meu sonho é trabalhar numa grande companhia de telecomunicações, como você.

— É mesmo?

— Sim! Eu gosto muito de estudar as grandes corporações, as estratégias de negócios, tudo isso me fascina! Eu tenho até uma opinião sobre a Vórtex! Se você quiser saber...

— Claro, Cíntia! Me conte!

— Bem, eu acho que a estratégia de lançamento do PP-5 não foi muito boa. Se eu fosse do *marketing* da Vórtex, faria algo que não levasse as pessoas a contar com a sorte, ninguém gosta disso!

— E você faria como? — perguntou Tom, de volta à mesa.

Cíntia pensou por alguns segundos e respondeu:

— Talvez um concurso! Um concurso em que os participantes inventassem suas vidas futuras! Em imagens, holografias, qualquer suporte! Haveria uma votação, e os melhores ganhariam o *upgrade* para o PP-5!

— A ideia é boa — disse Lina —, mas duvido que o *marketing* da Vórtex aprovaria. O maior valor da companhia é o passado, não o futuro.

Cíntia pareceu decepcionada, mas Lina a confortou:

— Não desanime, Cíntia. Você é muito criativa, vai ser uma grande profissional, seja qual for a sua área. Bem, agora eu vou dormir porque amanhã preciso chegar cedo na Vórtex.

— O resultado do sorteio sai às nove horas, não é? — perguntou Tom.

— Sim, estamos esperando uma corrida às lojas, e a segurança precisa estar alerta. Boa noite pra vocês dois.

Lina foi para o quarto dela e Tom puxou a namorada para o sofá.

— Estou tão ansioso que nem sei se vou dormir direito essa noite. Eu tenho que ganhar meu *upgrade* para o PP-5 amanhã!

— Mas isso é tão importante assim, Tom? Você tem que pensar em outra coisa, voltar a se dedicar aos estudos. Por que você não faz logo o seu prognóstico profissional?

— Eu já disse, Cíntia! Não quero que nenhuma máquina me diga nada, eu mesmo posso descobrir.

— Mas qual é o problema em saber a melhor área pra você? Isso só vai economizar seu tempo! Depois você pode saber onde estão suas vagas, quanto vai ganhar... tudo!

— Eu não estou interessado em saber nada.

— Mas todo mundo faz isso, por que você não faz?

— Porque não tem graça, Cíntia!

— Mas simplifica a vida!

— E se esses programas estiverem errados? Já pensou nisso?

Cíntia esboçou uma resposta, mas Tom continuou:

— E se eles estiverem errados? As pessoas compraram a ideia de que esses programas podem dizer como a vida delas tem que ser, mas eu não concordo com isso. No passado não era assim... As pessoas tomavam as próprias decisões sobre suas vidas!

— Às vezes eu tenho medo das coisas que você fala, Tom. Eu queria que você gostasse mais da sua vida como ela é... Afinal, a gente está junto... E o mundo hoje é muito melhor do que antes!

— Eu sei que hoje não tem mais fome, não tem guerra, tudo está sob controle. Mas as coisas perderam a graça! Você sabia que no passado as pessoas tinham que escolher sozinhas a profissão delas?

— E elas acertavam?

— Não sei! Talvez sim, talvez não. Mas elas escolhiam sozinhas! Elas resolviam o próprio futuro! Não é incrível isso?

— Se elas acertavam, devia ser ótimo mesmo. Mas e se elas errassem? Faziam o quê?

— Mudavam de curso, eu acho...

— Está vendo só? Quanto tempo da vida se perdia com isso? Por que recusar um recurso que a gente tem e que só facilita a nossa vida?

— Cíntia, falta surpresa nesse nosso mundo, entende? Falta dúvida, falta mistério, falta acaso!

— Mas a gente se encontrou por acaso! Você se esqueceu disso?

Era algo de que Tom se orgulhava: seu namoro com Cíntia não havia surgido de nenhum sistema preditivo. Tudo havia começado três meses antes, numa cabine da Vórtex, quando Tom voltara à sua vida em 2050. Mais precisamente em fevereiro de 2050, num Carnaval em Salvador.

Fazia um dia lindo, ensolarado. Tom se viu no meio de uma multidão cantando e descendo uma ladeira estreita. Era uma mistura de cor, brilho, barulho e suor. E era bom, muito bom. Ele estava com outros amigos, num bloco temático de bananas. Todos vestiam um macacão amarelo até o pescoço, com golas imensas que imitavam as cascas da fruta.

Na cabine da Vórtex, o coração de Tom pulsava junto com a música de tambores fortes, intensos, e a alegria crescia e crescia. Foi quando avistou uma bruxa. Uma bruxinha linda, com um chapéu roxo e pontudo de onde saía um pequeno véu preto. Um vestido também roxo bem curto e uma vassoura na mão completavam a fantasia.

Tom ainda se lembrava do que sentira naquela vida passada quando avistou a bruxinha. Era uma atração forte. Aproximou-se dela e disse bem alto, no meio daquela imensa barulheira:

— Eu estou precisando de um feitiço seu!

Tom sorriu ao se ver ali. Estava ridículo dentro daquela fantasia. Como poderia ter esperanças de que uma bruxinha tão bonita se interessasse por uma banana?

Mas ela lhe pareceu interessada:

— E de que feitiço uma banana pode precisar?

— É que na verdade eu sou um príncipe encantado, uma bruxa má me transformou numa banana. Será que você pode desfazer o feitiço?

A bruxinha não perdeu tempo e pousou sua vassoura na cabeça dele:

— Pronto! Agora você é um príncipe de novo!

O Tom daquela vida sorriu como se tivesse mesmo deixado de ser uma banana. Depois puxou a bruxinha com delicadeza, deu-lhe um beijo rápido na boca e os dois saíram abraçados descendo a ladeira no meio do bloco.

Aquele Carnaval não saiu da cabeça de Tom por muito tempo. Tentou voltar ali mais algumas vezes, mas não conseguiu. Resolveu então criar um grupo no Find-app, uma rede social da Vórtex em que os usuários podiam se comunicar com pessoas que encontrassem em outras vidas. Deu ao grupo o nome "Carnaval_Salvador_2050".

No mesmo dia, cerca de dez pessoas entraram no grupo. No dia seguinte, mais pessoas, e cada vez mais. Tom procurava perfil por perfil, tentando encontrar sua bruxinha. Até que um dia recebeu uma mensagem de texto:

> Olá! Acho que você é quem eu estou procurando.

O coração de Tom disparou. Finalmente! Sua resposta foi uma pergunta:

> Você era uma bruxa?

> Sim. E você?

> Eu era uma banana, lembra de mim?

> Claro que sim! Como vai?

Tom comunicou à bruxinha que ela havia acabado de encontrar a banana de sua vida. Os dois descobriram que moravam na mesma cidade. Era uma coincidência e tanto! Marcaram um encontro, e o namoro começou.

— Nossa história aconteceu como você gosta, Tom! Uma obra do acaso! Mas é verdade também que, se não fosse pelo Find-app, a gente nunca teria se encontrado! As máquinas não são tão ruins como você diz...

Tom não queria mais retrucar. Pegou Cíntia nos braços e disse em seu ouvido:

— A gente está junto porque nosso amor é antigo, vem de muito, muito tempo atrás.

CAPÍTULO 03

Cassiopeia Food era um restaurante simpático. Tom trabalhava lá todas as manhãs. O movimento maior era no horário do almoço. Até as onze horas os pedidos dos clientes chegavam pelo sistema. Os pratos eram então montados e programados para estarem prontos assim que cada cliente entrasse no saguão do restaurante.

Robinho era o único empregado do Cassiopeia. Era ele quem cuidava dos pratos principais e servia as mesas enquanto Tom preparava as sobremesas, o grande diferencial do estabelecimento. Não apenas porque eram deliciosas, mas também porque eram servidas de maneira diferente, escolhidas na hora!

A novidade foi introduzida no Cassiopeia assim que Tom assumiu o comando do restaurante, logo após seus pais deixarem o planeta. No início os clientes estranharam, estavam acostumados a reservar os pratos principais e as sobremesas no mesmo pedido, mas a novidade acabou sendo bem-aceita. Eles passaram a gostar daquele pedacinho do dia em que teriam que decidir sozinhos, ali, tão logo terminassem o almoço, o que comeriam de sobremesa.

Naquele dia, Robinho teria que trabalhar sem o patrão até a abertura do Cassiopeia. Tom pretendia estar na porta de uma loja da Vórtex pontualmente às 8h45. Se estivesse entre os sorteados da promoção do PP-5, seria o primeiro a entrar. Queria ver logo se o novo plano era mesmo tudo o que prometiam. Maior precisão de tempo, mais sensações, melhor qualidade de imagem e de som.

Ao chegar perto da Vórtex, Tom constatou que não era o único que queria ser o primeiro a experimentar o PP-5. A calçada em frente à loja estava cheia de gente. Tom aproximou-se o máximo que pôde e conferiu as horas. Em apenas oito minutos ele saberia se seria ou não um dos contemplados.

✦✦✦

As telas da sala de situação da Vórtex mostravam o movimento nas lojas pelo país. Todos os diretores da companhia estavam presentes, atentos ao que era mostrado nas telas. Pessoas se aglomeravam nas calçadas das lojas, olhando para seus dispositivos.

Faltavam seis minutos para as nove horas. O otimismo tomava conta da Vórtex. Todos acreditavam que a operação ocorreria sem problemas. Lina também estava otimista, mas não compartilhava do entusiasmo dos colegas. Seria mesmo preciso ter viagens mais poderosas ao passado? Pessoas como Tom, que passavam a maior parte do dia navegando por suas vidas passadas, eram cada vez mais numerosas. Induzi-las a viver no passado seria realmente bom? Apenas uma diversão inocente ou um vício perigoso?

A primeira experiência de Lina pelas viagens da Vórtex voltou à sua mente. Uma experiência inesquecível, com certeza, mas amedrontadora. A Vórtex tinha chegado ao país havia pouco tempo, era a sensação do momento, e Lina ainda nem sonhava em trabalhar na companhia. O PastPlus estava em sua primeira versão, as viagens eram aleatórias e muito curtas.

Lina era a única entre as amigas que ainda não tinha adquirido o PastPlus. Em seu aniversário, elas a presentearam com o plano. Foram todas a uma loja da Vórtex e cada uma entrou em uma cabine. Lina sentou-se na poltrona, receosa. Assim que a máscara acoplou-se ao rosto dela, imagens confusas começaram a surgir diante de seus olhos. Sentiu uma leve sonolência e, aos poucos, tudo foi ficando azul, muito azul. Era o céu. Embaixo dele, uma imensidão de árvores.

De repente, a imagem se fixou numa plantação, de onde saíam vozes femininas. Lina sentiu-se atraída por uma das meninas que estava ali. Logo percebeu que era ela mesma, numa vida bem distante, quando pessoas podiam viver no meio do mato. Sentiu medo, mas ao mesmo tempo excitação. Tinha oito, talvez nove anos. Estava com outras meninas, e todas colhiam espigas verdes que jogavam sobre o ombro numa cesta que levavam nas costas. Havia mulheres mais velhas também, algumas carregando bebês. Fazia calor.

Lina experimentou acelerar um pouco o tempo; as mulheres caminhavam pela mata. Chegaram a um grande descampado, onde pessoas passavam de um lado para outro. Foi quando percebeu que ninguém vestia roupas, nem ela. Todas tinham pele morena e cabelos pretos bem lisos. Mulheres mais velhas se aproximaram para ajudar as que chegavam, e a colheita foi colocada numa sombra.

Lina relaxou na poltrona da Vórtex. Pensou em como havia sido boba por temer aquelas viagens ao passado. Realmente era bom experimentar outras vidas. Tudo ali era paz. O céu, o verde intenso, até o calor lhe parecia agradável. Deixou-se penetrar naquele mundo de tranquilidade. O tempo real não existia mais. A menina da aldeia e ela eram uma só.

De repente, as pessoas ao redor da menina começaram a gritar e a correr. Ela foi puxada com toda a força pelas mãos de um homem e jogada dentro de um abrigo escuro, onde já estavam outras crianças. Muitas choravam. Por um buraco na parede de barro, viu que os homens se armavam com flechas e pedaços de pau. Os gritos continuavam, cada vez mais altos.

Homens estranhos, com a cara pintada e lanças imensas nas mãos, surgiram pelos lados da aldeia, avançando devagar. Eram muitos. Lina sentiu seu coração disparar. Estavam sendo atacados. Sua vida se encontrava em perigo. Fechou os olhos e procurou com a mão o botão que pausava a viagem. Apertou-o com força e ali ficou até que seu coração voltasse a bater no compasso normal.

CAPÍTULO 04

Tom mal podia acreditar. Seu *upgrade* para o plano PP-5 foi iniciado, ele estava entre os premiados! Aflito, abria caminho entre as pessoas aglomeradas na porta da Vórtex. O PP-5 já estava habilitado em seu dispositivo!

Conseguiu comprar quinhentos créditos com o dinheiro que tinha em sua conta e foi o primeiro a entrar na loja da Vórtex, eufórico. Fechou-se numa cabine, a máquina reconheceu seus créditos e uma voz intimista lhe deu as boas-vindas:

— Parabéns, você é um dos ganhadores da promoção de lançamento do PP-5. Feche os olhos, acomode-se em nossa poltrona e prepare-se para o que está por vir.

A máscara minúscula acoplou-se levemente sobre o rosto de Tom, abarcando seu nariz, olhos e ouvidos. A sensação de adormecimento surgiu rapidamente. Ele sorriu e reclinou sua poltrona. A voz irrompeu novamente encorajando Tom a escolher uma parada

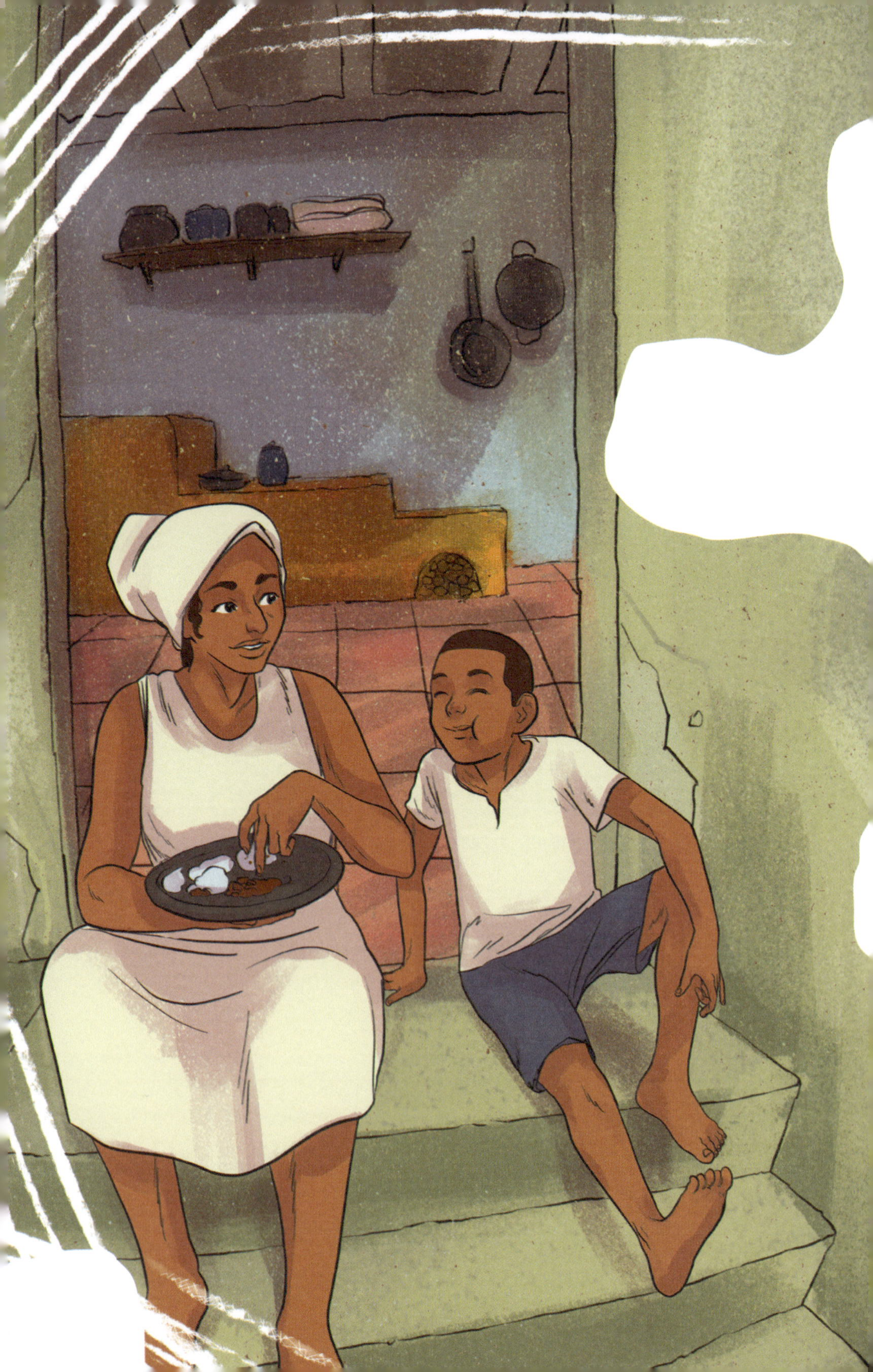

entre as imagens que desfilavam frente aos seus olhos, agora mais lentamente e com melhor definição.

Um tempo em que já havia estado surgiu diante de Tom, e ele resolveu visitá-lo mais uma vez. Era uma vida que lhe trazia boas sensações, e estar lá com o PP-5 seria uma ótima maneira de confirmar as melhorias do novo sistema. Viu surgirem os números 1, 8, 3 e 9. Então o PP-5 informava logo no início da viagem o ano em que se estava! Aquilo era mesmo fantástico!

Movimentando lentamente o cursor, Tom estabilizou-se em 1839. Logo se viu correndo pelas ruas, descalço, menino ainda, não mais de dez anos. Sorriu satisfeito. A Vórtex realmente cumpria o que prometera. Até o cheiro fétido das ruas daquele tempo era possível sentir com mais intensidade.

O menino dobrou uma esquina onde havia um casarão. Entrou pela porta dos fundos, alcançou o quintal, subiu alguns degraus e se viu numa grande cozinha. Agarrou-se às pernas de uma mulher. Ela sorriu e perguntou se ele tinha fome. Estava terminando de lavar a louça do almoço e logo arrumaria o prato dele.

Quando visitou 1839, Tom esteve apenas naquela casa e gostava de lá. Havia na cozinha um grande fogão com chamas sempre acesas, carnes penduradas no teto e uma grande mesa de madeira no centro. Ali se viam frutas, legumes e verduras. Tom sentia que aquele era o melhor momento do dia para o menino que havia sido: quando sua mãe, após lavar a louça, sentava-se com ele na soleira da porta da cozinha, no alto dos degraus que davam para o quintal. Ela levava à boca dele bolinhos de arroz, feijão e farinha, que amassava com as mãos.

Tom sorriu saboreando aqueles bolinhos, que pareciam ainda mais gostosos com o PP-5. E como era bom o ventinho que vinha do quintal. Sentiu-se muito feliz ali, recebendo o carinho da mãe.

O menino acabou de mastigar o último bolinho e disse:

— A senhora dá licença que preciso buscar água...

A mãe disse a ele que fosse, mas antes queria lhe contar uma coisa.

— Conta, mãe!

— É que eu andei conversando com a sinhá... Pedi a ela pra eu fazer umas cocadas pra vender na rua. Se ela deixar, você me ajuda a catar o coco?

— Ajudo, mãe! Claro! A senhora vai vender cocada como se fosse água aí pelas ruas!

— Mas tem que esperar, meu filho, tem que esperar. Se a sinhá deixar, eu faço as cocadas.

— Tá bom, mãe. Agora eu posso ir?

A mãe do menino puxou-o em direção ao peito e lhe deu um beijo na cabeça. Disse que podia ir. Ele saiu correndo, cruzou o quintal e passou pelo portão.

Tom viu o menino desaparecer na rua e logo voltou aos próprios pensamentos. Consultou seus créditos e assustou-se. Ou havia ficado tempo demais ali ou o PP-5 consumia mais créditos. Tom parou a viagem, satisfeito. Havia valido a pena. Agora precisava correr para o Cassiopeia, mas logo voltaria para aproveitar mais emoções de suas vidas passadas.

✦✦✦

Alguns minutos depois das nove horas, toda a equipe da Vórtex brasileira comemorava. Cem por cento dos *upgrades* haviam sido feitos, sem falhas. O clima de atenção finalmente deu lugar à euforia. Hervana tentava se conter, mas sua alegria era evidente:

— Primeira etapa vencida! Parabéns a todos! — disse ela.

O próximo passo deveria acontecer em poucos dias, quando os não contemplados na promoção aderissem logo ao novo plano, como Hervana previa. Uma garrafa de champanhe foi aberta para comemorar o sucesso do lançamento do PP-5. Após o brinde, Lina retirou-se, com a desculpa de que queria continuar acompanhando de perto a resposta dos sistemas de segurança.

Sozinha em sua sala, Lina pensou em Tom. Queria que ele tivesse sido um dos premiados, que pudesse experimentar logo as vantagens do PP-5. Conectou-se com ele e imediatamente viu seu sorriso de felicidade.

— E então, rapazinho? Conseguiu, não é?

— Consegui, Lina! E parabéns pra vocês! O PP-5 é mesmo fantástico!

— Como assim? Você já experimentou? Você não está no Cassiopeia?

— Dei uma saidinha rápida pra experimentar o PP-5, mas já estou voltando pra lá!

— Então está bem, Tom! A gente se vê em casa! Tchau!

Tom havia conseguido, e Lina não podia deixar de ficar feliz por ele. Mas preocupava-se também. Quando ele se enquadraria na vida? Por que era tão rebelde? Até quando ele ia preferir as viagens da Vórtex à própria realidade?

Lina não entendia o fascínio de Tom por aquelas experiências, especialmente quando se lembrava do que sentira quando fizera sua primeira e única viagem ao passado. O pavor, a sensação de desespero ainda pareciam bem vivos dentro dela.

Aquela lembrança ruim levou seu pensamento para os clientes suspensos. A morte natural deles não lhe parecia convincente.

Talvez houvesse uma causa anterior, alguma experiência semelhante à que tivera, mas ainda mais radical, a ponto de lhes provocar a morte. Talvez o passado não fosse tão seguro quanto se imaginava.

CAPÍTULO 05

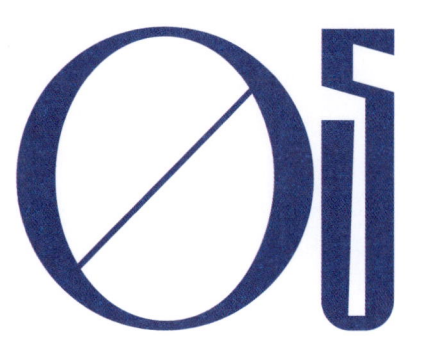

Cíntia ouvia Tom contar como o novo PP-5 era fantástico. Tudo que a Vórtex prometera, cumprira. Imagens mais definidas, som mais potente e aquela vantagem de informar com exatidão o ano em que se estava assim que a viagem começava.

— Você tem que experimentar, Cíntia. É muito bom!

— Eu não posso perder tempo com isso agora, Tom. Meu prognóstico acabou de sair, me indicaram para a área de segurança, acredita? Como a sua irmã! Começo o curso amanhã mesmo!

Lina entrou na sala a tempo de ouvir um pouco da conversa entre Tom e a namorada, então comentou:

— Parabéns, Cíntia! Você conseguiu o seu prognóstico profissional! Agora só falta o Tom fazer o dele também!

— Ele vai fazer isso logo, logo. Não vai, Tom? — perguntou Cíntia, sorrindo para o namorado.

Tom resmungou algo incompreensível e foi para a cozinha. Ia preparar uns sanduíches para o jantar. Lina sentou-se ao lado de Cíntia. Havia algum tempo, esperava uma oportunidade de conversar a sós com ela.

— Cíntia, você também foi sorteada na promoção do PP-5?

— Na verdade eu nem me inscrevi. Meu plano ainda é o PP-3 e está bom, uso muito pouco. E não quero gastar meu dinheiro com isso.

— Então você não é como o Tom?

— Viciada nessas viagens? Não sou, não. Fiz uma ou outra pra ver como é, mas prefiro me concentrar na minha vida atual, acho bem mais interessante — disse Cíntia.

Lina gostou do que ouviu e aproximou-se:

— Sabe, Cíntia, eu ando preocupada com o Tom. Acho que meu irmão se empolga demais com essas viagens, ele precisa se concentrar mais no presente. Assim como você...

— Concordo, Lina. O Tom perde tempo e dinheiro com a Vórtex, como se isso fosse resolver os problemas dele!

"Então Tom tem mesmo problemas", pensou Lina. E perguntou:

— Que problemas?

— Você sabe, Lina... Essa posição radical do Tom, essa recusa em fazer o que todos que almejam um lugar nesse mundo fazem!

— Desenhar o futuro...

— Claro! — disse Cíntia. — Eu conheço algumas pessoas como o Tom, que gostam muito das viagens da Vórtex. Mas ninguém é como ele, que não passa um dia sem fazer uma viagem. Isso não é bom!

— O Tom faz viagens todos os dias?

Cíntia confirmou balançando a cabeça. E disse:

— Ele já devia ter feito o prognóstico profissional. Está mais do que na hora dele cuidar da própria vida.

Lina sorriu concordando com Cíntia, enquanto Tom entrava na sala com os sanduíches. Era bom poder contar com alguém que pensava como ela sobre o futuro do irmão.

✦✦✦

Na cozinha do Cassiopeia, Tom estava brigando com ele mesmo enquanto preparava as sobremesas do dia. Tinha se arrependido da primeira viagem que fizera com o PP-5. Devia ter gastado seus créditos num tempo ainda desconhecido, com certeza teria sido muito mais interessante!

Finalmente, as sobremesas do dia ficaram prontas: sorvete de damasco, doce cremoso de goiaba e torta de maçã. Tom sentou-se ao lado do balcão da cozinha e conferiu o relógio. Eram onze horas, o movimento no restaurante só começaria ao meio-dia. Chamou Robinho e disse que precisava sair, mas voltaria logo. Não levaria mais de quarenta minutos.

Tom voltou à loja da Vórtex. Consultou seus créditos: restavam apenas cento e cinquenta, dos quinhentos que comprara. Entrou na cabine, que se fechou silenciosamente. Quando ia se sentar, reparou num papel dobrado na poltrona. Aproximou-se e viu seu nome nele. Tom abriu o bilhete, escrito à mão, e leu o conteúdo:

Vá até a Inconfidência Mineira.

"Inconfidência Mineira? O que foi mesmo isso?", pensou Tom, envergonhado. Devia dedicar-se mais aos estudos, como sua irmã sempre dizia. Resolveu consultar seu dispositivo:

> A Inconfidência Mineira, também conhecida como Conjuração Mineira, aconteceu na então capitania de Minas Gerais, no Brasil, em 1789. Foi uma tentativa de revolta contra o domínio português e contra o pagamento de altas taxas, abortada pelo governo de Portugal.

Tom sentou-se na poltrona com o bilhete na mão. O que significava aquilo? Por que alguém lhe dizia para ir até a Inconfidência Mineira? E num bilhete escrito à mão? E como sabiam que ele estaria ali, naquela cabine? Seria mais uma funcionalidade do PP-5? Uma forma de sugerir viagens mais interessantes para seus clientes?

Tom enfiou o bilhete no bolso, ajeitou-se na poltrona e esperou que a máscara se acomodasse em seu rosto e as luzes diminuíssem de intensidade. Resolveu seguir o que dizia o bilhete. Iria até Minas Gerais, em 1789. Se aquela fosse mesmo mais uma função do PP-5, certamente iria conhecer uma vida muito interessante.

Acionou seus créditos no painel e fechou os olhos. Sentiu imediatamente a sonolência pré-viagem; logo em seguida, um calor abafado e um ruído de vozes misturado com o barulho de louças. Estava num salão grande e enfumaçado. Panelas enormes se amontoavam sobre um fogão; pessoas suadas, com aventais sujos e panos na cabeça, passavam de um lado para outro carregando pratos e bandejas. Um grito alto que ecoou pelo lugar, "precisamos de mais couve e angu!", quase fez Tom pular da poltrona.

De repente, encontrou-se no meio daquela confusão. Estava sobre um caixote, com a barriga encostada num balcão e as mãos chacoalhando dentro de uma grande bacia. Com velocidade, pegava alguns copos e passava-os na água com sabão. Devia ter não mais do que doze anos. Alguém gritou "Pedrinho", e ele virou-se para atender. Era Pedrinho seu nome.

— Mais rápido, garoto! E lava os pratos também, daqui a pouco não tem mais!

"Então eu trabalhava numa espécie de restaurante na minha vida de 1789...", pensou Tom. Era uma coincidência, não havia dúvidas. Mas ela ficava por ali. A não ser pelo fato de que se preparavam refeições naquele lugar, tudo lá era diferente do Cassiopeia.

Tom nunca havia imaginado que no passado se precisasse de tanta gente para preparar e servir comida. Até de pessoas para lavar copos e pratos... E era justamente ele que fazia isso! Via-se tão pequeno, trabalhando com tanta rapidez, suando para que nenhum copo ou prato limpo faltasse ali.

Deixou a cozinha e foi passear pelo salão. Um burburinho imenso tomava conta do lugar, pessoas comiam e conversavam alto. Muitos bebiam, satisfeitos. Nenhum sinal de revolta.

Tom adiantou o tempo e viu-se novamente na cozinha, agora sentado a uma grande mesa, almoçando ao lado dos companheiros, todos mais velhos que ele. Aproximou-se de Pedrinho, quase colou-se ao corpo dele. E até conseguiu sentir o sabor da carne assada, da couve e do feijão bem temperado com alho e toucinho. Por que aquele aroma delicioso havia desaparecido dos alimentos?

Uma moça de quinze ou dezesseis anos sentou-se ao seu lado.

— Você vai acompanhar a procissão hoje?

— Vou, claro! — respondeu Pedrinho. — E você, vai lá?

— Vou ganhar uns trocados. Vender biscoitos.

— E está precisando de ajuda?

— Acho que seria bom, sim.

Pedrinho terminou de comer, limpou a boca com as mãos, levantou-se e colocou novamente seu avental de trabalho.

— Então eu vou te ajudar. Como você me paga? Não me diga que vai me dar biscoitos, eu preciso é de umas moedas mesmo!

— Te dou duas moedas por cada biscoito que você vender. A gente pode se encontrar na porta da igreja, na hora que a procissão sair.

— Tá certo! — disse Pedrinho.

— Às seis horas, então? Na porta da igreja. Eu te espero.

A moça foi embora para acabar o serviço, e Pedrinho pegou a vassoura que ficava na porta da cozinha. Com os colegas, fez uma limpeza no chão, com água e sabão. O trabalho era duro, mas Tom sentia que ele se divertia também. Lembrou-se da Inconfidência Mineira. Nada indicava que alguma revolta popular estava por acontecer ali.

Tom acionou as informações em tempo real. Meia hora havia se passado. Naquele ritmo, em pouco tempo seus créditos acabariam. Arriscou mais alguns segundos para ver o que aconteceria na vida de Pedrinho. Adiantou o tempo e lá estava ele vendendo biscoitos na procissão, depois novamente lavando copos, e depois mais uma vez limpando a cozinha.

Não, não havia nenhum rastro de revolta naquela vida. Muito menos de aventura.

CAPÍTULO 06

A euforia do dia anterior deu lugar à tensão na Vórtex. A estratégia assumida por Hervana parecia não ter funcionado. A grande adesão esperada dos que não haviam sido contemplados no sorteio não acontecera.

— Talvez seja por causa do consumo dos créditos — disse Roberto. — Nunca lançamos um produto tão caro...

— Mas também a companhia nunca investiu tanto — argumentou Hervana.

Lina achava que ainda era cedo para conclusões:

— Precisamos aguardar um pouco mais para que o boca a boca aconteça. Quem ganhou o *upgrade* vai contar para os amigos como o PP-5 é bom e...

— Já sei! — interrompeu Roberto. — Vamos promover mais uma rodada de ganhadores, um novo sorteio!

Hervana tinha dúvidas sobre a conveniência de um novo

sorteio. Entretanto, havia um prazo definido para alcançar um total de vendas que permitisse à Vórtex brasileira ingressar no Grupo de Ouro da companhia.

— Eu não acho uma boa ideia — disse Lina.

— E por que não? — indagou Roberto.

Lina pensou em dizer o que pensava. A companhia se tornara cada vez mais veloz. O PP-5 havia sido lançado num tempo muito curto, talvez precisasse de alguns aprimoramentos. E existia um risco que não podia ser ignorado: os clientes suspensos. Não havia ainda uma versão definitiva sobre as causas das "suspensões". Se dependesse dela, nenhuma iniciativa que gerasse grande adesão seria feita na Vórtex até que se elucidasse o que vinha acontecendo. Mas Lina sabia que não era o lugar nem a hora de mencionar aquele assunto, por isso disse:

— Eu apenas acho que uma grande companhia como a nossa deve manter a sua palavra até o fim. Mesmo que um novo sorteio gere mais adesões, devemos manter o que foi dito. É uma questão de credibilidade.

— Mas... nós teríamos capacidade de suportar mais uma grande leva de *upgrades* agora? Existe alguma questão de segurança nos nossos sistemas? — perguntou Hervana.

— Apenas aquela que você já conhece — respondeu Lina.

Hervana levantou-se, encerrando a reunião:

— Vou pensar no que vamos fazer. Por enquanto, Roberto, investigue de novo a satisfação dos clientes, vamos ver o que os não contemplados estão dizendo por aí. Agora, vamos trabalhar. Menos você, Lina. Ainda precisamos conversar.

Quando todos saíram da sala, Hervana aproximou-se de Lina.

— Eu tenho uma boa notícia. Destaquei você para um projeto importante. Esteja aqui amanhã cedo, vamos ter uma reunião, só nós duas.

✦✦✦

Tom contou para Cíntia o que havia acontecido na loja da Vórtex:

— Então encontrei um bilhete dizendo para eu visitar a Inconfidência Mineira!

— Inconfidência Mineira?

— É! Foi um movimento...

— Eu sei o que foi a Inconfidência Mineira, Tom! Mas por que você tinha que ir lá?

— Não sei! Mas acabei parando em 1789!

— E então?

— Então, nada! Me vi um garotinho, lavando copos numa cozinha de um restaurante cheio de gente. Você acredita que as pessoas lavavam os copos e pratos à mão naquela época? Um por um!

— E o que esse lugar tem a ver com a Inconfidência Mineira?

— Esse é o problema! Nada! Ninguém ali parecia insatisfeito com impostos ou qualquer outra coisa. Você sabe que a Inconfidência Mineira ocorreu por causa dos impostos dos portugueses, não sabe?

— Sim, eu sei. Conta o resto...

— Pois é. As pessoas estavam todas bem satisfeitas, comendo e bebendo. E eu trabalhando duro ali. Até agora não sei por que me mandaram pra lá!

— Que história mais estranha, Tom... E o que você vai fazer?

— Nada! O que eu posso fazer? Gastei meus últimos créditos com uma viagem sem graça — disse Tom, conformado.

— Mas você não quer entender o que aconteceu? — perguntou Cíntia. — Não quer saber por que alguém te diria pra ir até a Inconfidência Mineira?

Tom não tinha resposta. Cíntia sentou-se ao seu lado, ficou mais alguns segundos em silêncio e depois falou:

— Eu acho que esse bilhete era um aviso... Talvez você tenha que ir à Inconfidência Mineira de outro jeito.

— Mas que outro jeito?

— Tom, você já conferiu se existe algum grupo da Inconfidência Mineira no Find-app?

Os olhos de Tom se abriram. Como ele não havia pensado naquilo antes?

— O Find-app! — gritou ele, tirando seu dispositivo do bolso. Acionou a letra I, grupos nacionais. Achou! "Inconfidência Mineira_1789." Um grupo pequeno, apenas quatro integrantes. Solicitou ingresso. A aceitação foi imediata, com uma mensagem de texto:

Obrigado por atender ao nosso chamado. Aguarde instruções.

Tom olhou para Cíntia:

— O que será isso?

— Parece que eles querem falar com você...

Um alerta soou no dispositivo de Tom. Era uma nova mensagem do grupo Inconfidência Mineira:

Encontre-nos esta noite na porta da Vórtex, às 20h30.

— Mas já? — disse Tom. — E que Vórtex? Há tantas lojas...

— Só pode ser onde eles deixaram o bilhete! Você vai?

— Vou, claro! — respondeu Tom, conferindo as horas. Faltavam quinze minutos para o horário marcado.

◆◆◆

Tom estava na porta da Vórtex. Cíntia, ao seu lado, parecia tão ansiosa quanto ele.

— Você vai mesmo encontrar os integrantes desse grupo, Tom?

— Claro que sim! Preciso saber o que querem comigo. Pode ser importante...

— Você não quer mesmo que eu fique aqui?

— Claro que não, Cíntia! Acho bom você ir embora agora, é melhor eu esperar sozinho.

— Está bem. Mas assim que puder me manda notícias, tá bom? Vou ficar preocupada — disse Cíntia, beijando Tom.

— Ok, eu mando notícias. Agora vá. Vem um veículo ali, pode ser o que eu estou esperando.

Cíntia se afastou e Tom foi para a beira da calçada. O veículo se aproximou. Um rapaz, que devia ter sua idade, surgiu na janela e disse:

— Você é o Tom?

— Sim, sou eu mesmo.

— Então entre.

A porta do veículo se abriu, e Tom entrou. Havia pouca luz. Sentou-se ao lado de duas pessoas. No banco dianteiro, mais duas.

O veículo rodou em silêncio por várias ruas. Até que Tom resolveu falar:

— Aonde nós estamos indo mesmo?

Nenhuma resposta. Tom se lembrou dos sistemas de segurança da cidade. Seria fácil encontrá-lo rastreando o percurso que faziam, caso fosse necessário. Ainda assim, a situação era incômoda. Começava a sentir certo receio.

Finalmente o veículo parou. Todos saíram, e Tom pôde ver melhor quem estava com ele. Eram dois casais, deviam ter a idade dele. Estavam numa praça ampla, mas pouco frequentada. Caminharam juntos, e Tom os seguiu. Sentaram-se em bancos ao redor de uma mesa de jogos.

— E agora? — Tom tentou novamente.

— Vamos esperar um pouco, ele já vem — disse um deles.

— Ele quem?

— Você vai ver.

Aguardaram mais cinco minutos, em silêncio. Tom aproveitou o tempo para observar os arredores. Aquele era um bairro periférico, meio esquecido. Procurou por câmeras de segurança e encontrou poucas. Percebeu que estava com medo, pensou em dizer algo para aliviar a tensão, mas não houve tempo. Um barulho de passos começava a romper o silêncio. Alguém se aproximava.

Tom olhou na direção dos passos que ouvia. Parecia se tratar de um homem alto e esguio. Usava um chapéu e vinha andando devagar, mãos nos bolsos, olhando para os lados. Aproximou-se do grupo, e Tom pôde ver seu rosto. Se tinha mais idade do que ele, eram apenas alguns anos.

— E então? — perguntou o recém-chegado.

— É esse o nosso homem — disse uma das garotas, apontando para Tom.

O recém-chegado estendeu a mão para Tom e se apresentou:

— Eu sou o Roger.

Tom olhou para Roger. Era jovem e sério, mas tinha uma expressão amigável.

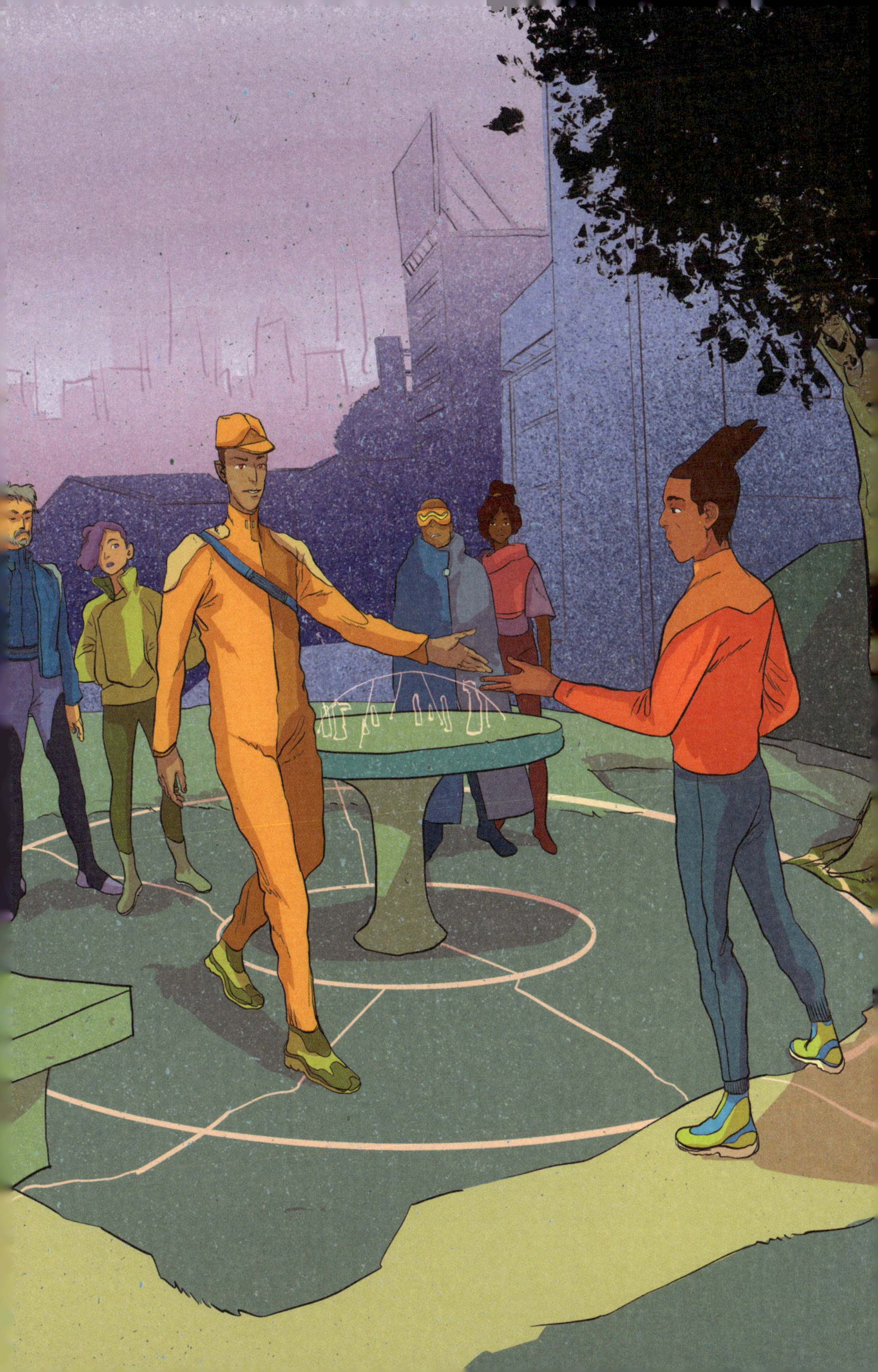

— Você quer falar comigo? — perguntou Tom, tentando disfarçar o medo que aumentava dentro dele.

Roger sentou-se:

— Nós dois temos muito em comum, sabia?

Tom sentiu certo alívio e perguntou:

— Você também ganhou o *upgrade* para o PP-5?

Roger deu uma sonora risada e disse:

— Eu não sou cliente da Vórtex, eu não gastaria meu dinheiro com essa bobagem. Confesso que até já fui cliente, mas não sou mais.

Tom entendia cada vez menos a razão de sua presença ali. Por que, então, o chamaram? E quem eram eles?

— Nós somos um grupo organizado. Eu, o Lineu, o Danilo, a Rose e a Cris — disse Roger, apontando, um a um, seus companheiros. — E agora você.

— Eu? — surpreendeu-se Tom. — Mas que grupo é esse? O que vocês querem de mim, afinal?

— Nós sabemos tudo sobre você. E somos como você. Queremos um mundo onde a gente possa tomar as nossas próprias decisões, por nossa conta. Chega de algoritmos pensando por nós, chega de sistemas nos dizendo o que fazer. Chega! Queremos viver nossas vidas de verdade!

Tom assustou-se, não esperava por aquilo. Imaginava que deveriam existir em algum lugar pessoas como ele, que detestavam as ferramentas preditivas da realidade, mas nunca pensou que elas poderiam se organizar em um grupo! E procurar por ele!

— Então vocês também não gostam desses programas preditivos? — perguntou Tom.

— Odiamos — respondeu Roger.

Por um momento Tom se empolgou, mas logo sentiu o impacto da realidade. De que maneira aquele grupo tão pequeno e tão jovem acabaria com o domínio das grandes companhias preditivas do mundo?

— Mas... como vocês pretendem acabar com os sistemas? — perguntou ele.

— É um processo, mas já foi tudo muito bem pensado. Em breve você vai saber.

— Afinal, quem são vocês? E por que se chamam Inconfidência Mineira? — perguntou ele, lembrando-se dos créditos que tinha gastado à toa naquela manhã.

— Apenas uma coincidência de propósitos: como os inconfidentes do passado, também queremos nos tornar livres — respondeu Roger.

"Faz sentido", pensou Tom.

— Eu sei que você tem muitas perguntas — continuou Roger —, mas elas vão ser respondidas no seu devido tempo. Agora vá pra casa e aguarde um novo chamado. Em breve nos encontraremos novamente.

Todos se levantaram. Roger tomou o caminho por onde chegara, e os demais voltaram para o veículo. Tom os acompanhou, ainda cheio de perguntas na cabeça.

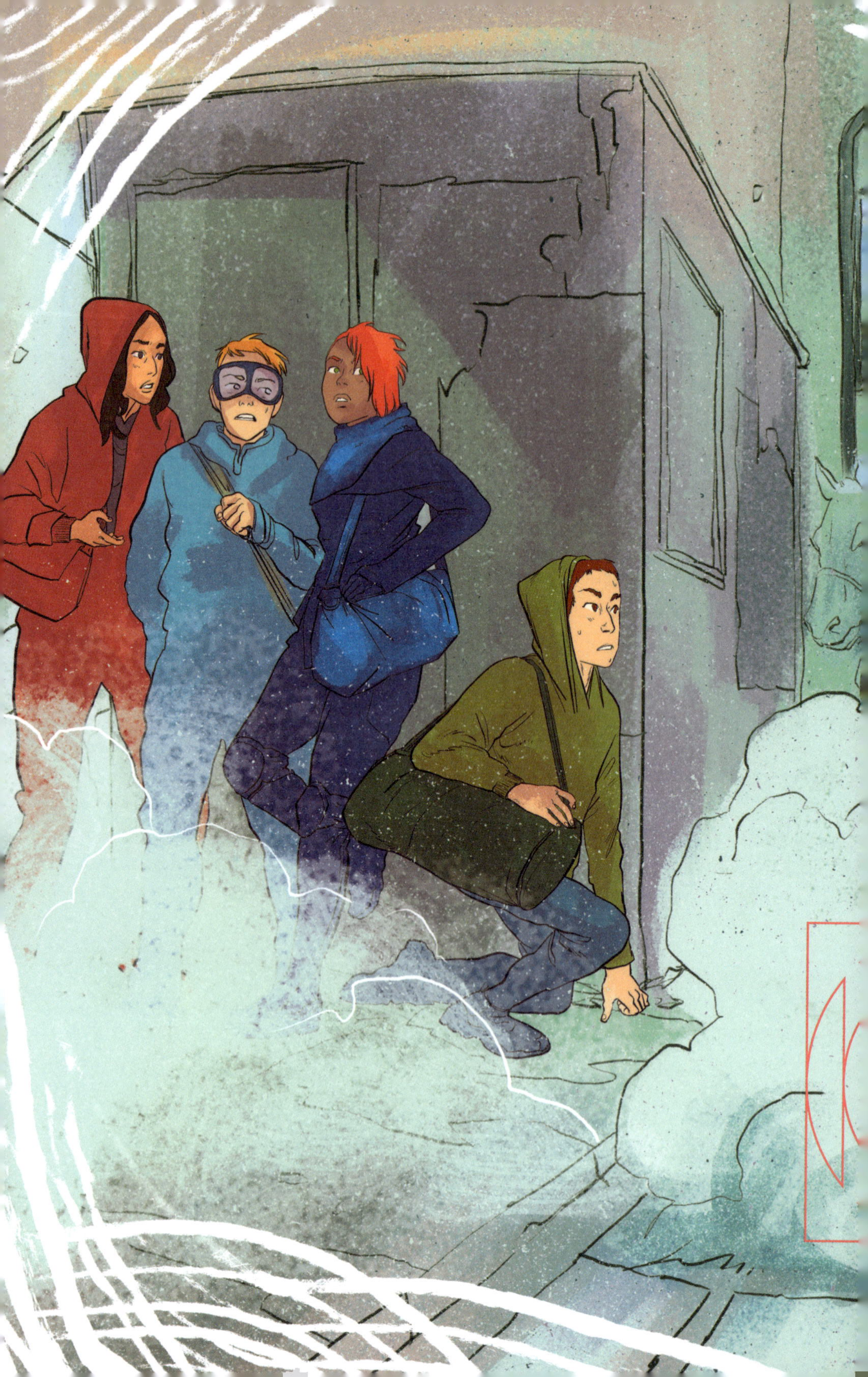

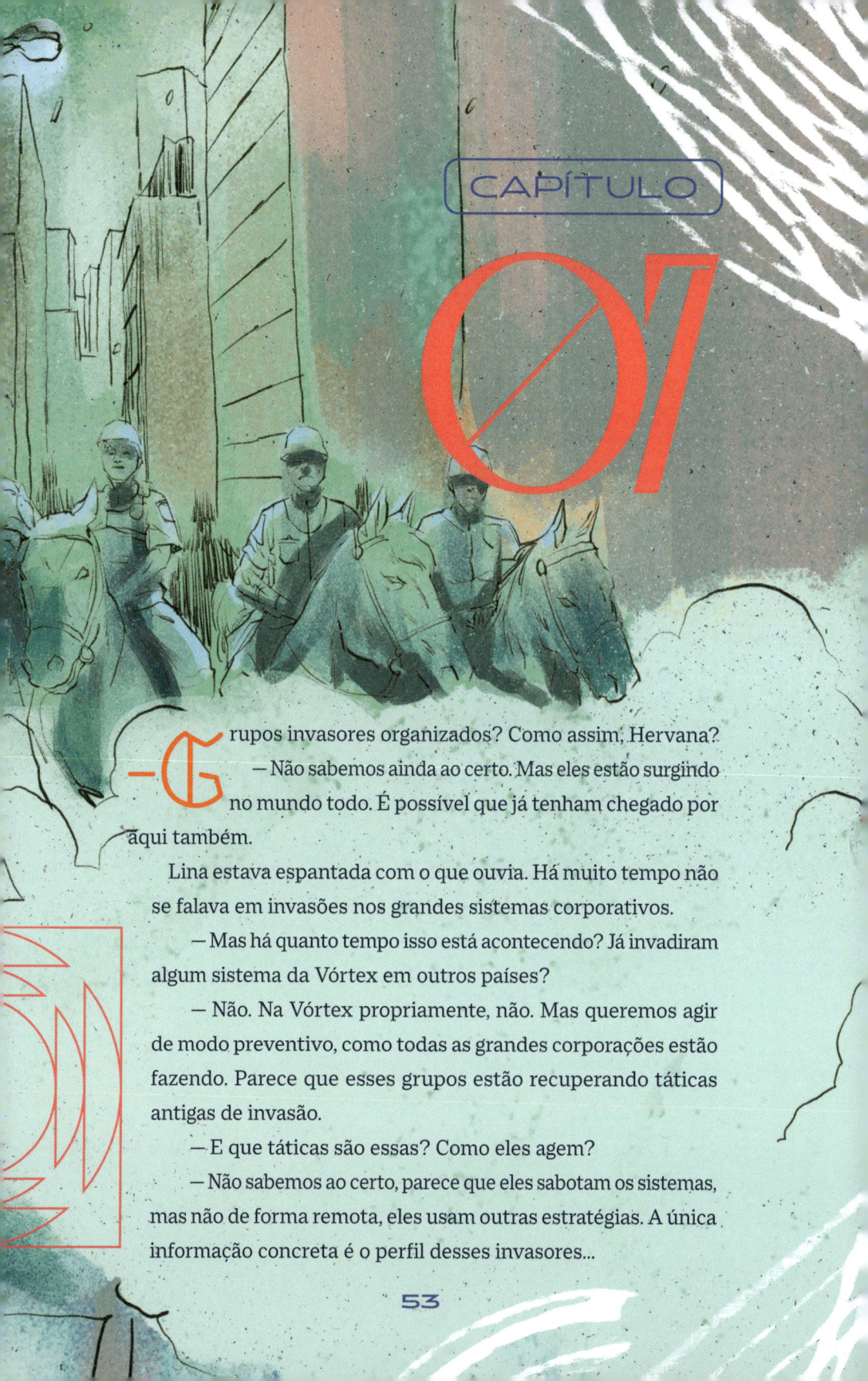

CAPÍTULO

01

—Grupos invasores organizados? Como assim, Hervana?
— Não sabemos ainda ao certo. Mas eles estão surgindo no mundo todo. É possível que já tenham chegado por aqui também.

Lina estava espantada com o que ouvia. Há muito tempo não se falava em invasões nos grandes sistemas corporativos.

— Mas há quanto tempo isso está acontecendo? Já invadiram algum sistema da Vórtex em outros países?

— Não. Na Vórtex propriamente, não. Mas queremos agir de modo preventivo, como todas as grandes corporações estão fazendo. Parece que esses grupos estão recuperando táticas antigas de invasão.

— E que táticas são essas? Como eles agem?

— Não sabemos ao certo, parece que eles sabotam os sistemas, mas não de forma remota, eles usam outras estratégias. A única informação concreta é o perfil desses invasores...

— Já temos o perfil?

— Sim. São jovens que querem frear a influência da tecnologia no planeta. Não gostam de algoritmos, são avessos aos sistemas preditivos modernos. Recusam-se a fazer prognósticos, querem tomar decisões de vida sozinhos.

Lina parecia ver Tom na sua frente. Aquela era uma descrição fiel de seu irmão.

— Lina, você está me ouvindo?

— Estou, claro! Esse perfil foi baseado em algum caso real?

— Não, apenas por algoritmos. Mas o nível de acerto é altíssimo, você sabe...

— E o que mais temos, Hervana?

— Mais nada. Sua missão agora é comandar um grupo de trabalho preventivo. Estamos num momento crítico da Vórtex, não podemos ser atrapalhados por um bando de jovens desajustados.

Os clientes suspensos vieram novamente à lembrança de Lina. Haveria alguma relação entre eles e as sabotagens?

✦✦✦

Na cozinha do Cassiopeia, Tom pensava no que acontecera no dia anterior quando recebeu uma mensagem automática do Centro de Formação Governamental. A secretaria lhe pedia o código de seu prognóstico profissional atualizado. E informava que ele estava oito meses atrasado no ingresso para a formação superior.

Tom pensou em responder dizendo que não enviaria o código porque não atualizara seu prognóstico profissional por considerar-se capaz de decidir por ele mesmo o que queria fazer de sua vida, mas desistiu. Talvez fosse mais simples fazer de vez o prognóstico e não criar problemas. Assim todo mundo ficaria satisfeito: Lina, seus pais, Cíntia e todos aqueles que o viam como um peixe fora d'água.

Um chamado do Inconfidência Mineira o fez deixar tudo aquilo de lado. Uma nova reunião aconteceria naquela noite. Ele deveria estar no mesmo lugar, à mesma hora. O mesmo veículo o pegaria.

— O que você vai preparar pra hoje, Tom? — perguntou Robinho.

— Ainda não decidi... Quantos almoços vamos ter?

Robinho apontou para o monitor da cozinha. Seriam setenta e dois almoços.

— Todos os pratos já estão prontos? — perguntou Tom.

— Como sempre! Agora vou arrumar as mesas, só falta mesmo você preparar as sobremesas.

Tom tentou se concentrar no trabalho. Olhou ao redor e admirou a cozinha, silenciosa e automatizada. Depois de conhecer sua vida em 1789, começava a ver com outros olhos o que havia ali. Era tudo bem melhor do que aquele lugar caótico, aquela cozinha que parecia uma fornalha e onde trabalhava quase tanta gente quanto havia no salão, esperando pela comida.

Robinho voltou à cozinha:

— Acho bom você se apressar, Tom. Daqui a pouco começam a chegar os clientes...

— É, eu sei. Mas hoje minha criatividade desapareceu!

Robinho estranhou. Ele trabalhava no restaurante havia quase dois anos, desde que os pais de Tom partiram para a colônia em Gliese, e nunca o vira sem criatividade para as sobremesas.

— Aconteceu alguma coisa?

— Não é nada, não, Robinho. Mas me diga uma coisa: você gosta da sua vida?

— Sim, gosto.

— Não há nada nela que incomode você? Acha bom viver desse jeito programado, sem surpresas, sabendo tudo que vai acontecer?

Robinho pensou um pouco. Sim, ele gostava das coisas como eram.

Tom suspirou. Pelo visto, eram poucos os que pensavam como ele, Roger e todo o grupo Inconfidência Mineira. Mas, ao mesmo tempo, sentiu um imenso entusiasmo. Finalmente havia encontrado sua turma.

✦✦✦

Tom estava na porta da Vórtex, ansioso para ser levado à nova reunião do Inconfidência Mineira, quando algumas dúvidas começaram a surgir em sua cabeça. Seria mesmo fantástico ajudar a acabar com aquela realidade sem graça, mudar o mundo. Mas seus companheiros lhe pareciam pouco preparados para a grandiosidade daquela empreitada.

O veículo chegou, e dessa vez não foi preciso identificação. Tom entrou pela porta traseira e sentou-se ao lado de Danilo. O clima parecia mais descontraído. Tom quis puxar assunto:

— E vocês? Já foram clientes da Vórtex?

Danilo disse que sim e contou que lá pelos anos 1950 ele viveu uma vida muito interessante. Era um estudante de medicina quando conheceu um grupo de teatro e resolveu largar tudo para ser ator. Foi uma grande confusão na família, ninguém aceitava. Mas ele havia insistido e conseguido:

— Eu me tornei o maior galã do meu tempo! — disse Danilo, empolgado.

— Galã? O que é isso? — perguntou Tom.

— É como chamavam os atores que faziam par com as atrizes principais nos filmes antigamente. Eles tinham até que fugir dos fãs na rua! — respondeu Danilo, orgulhoso.

Tom gostou da história e se sentiu mais à vontade.

Foi a vez de Cris contar como foi sua vida mais emocionante. Ela havia enriquecido com o ouro, que naquela época era valiosíssimo. Era 1984. Passava os dias cavando as rochas, ao lado de outros garimpeiros. Só havia homens naquele lugar, e ninguém podia saber que ela era uma mulher. Levava uma vida muito difícil, mas um dia achou uma grande pedra de ouro e ficou rica!

— Rica com uma pedra de ouro? — perguntou Tom.

— Riquíssima! O ouro valia muito naquele tempo! Comprei tudo o que eu queria, foi muito bom. Mas tive que batalhar demais pra ficar com a pedra, os outros queriam me roubar. Era um garimpo enorme. Foi gente de todo lugar tentar achar ouro por lá.

— E conseguiram? — perguntou Tom.

— Alguns conseguiram, sim. Mas não foi uma vida fácil; havia muito roubo, muita violência e até mortes — respondeu Cris.

Tom estava encantado. Achava cada vez mais incrível que no passado as pessoas tivessem o poder de construir suas vidas do jeito que quisessem. Aquela liberdade o fascinava.

— Eu também tive uma vida bem legal. Foi quando Rose e eu nos conhecemos — disse Lineu.

— Vocês dois também já tiveram outra vida juntos? — perguntou Tom, lembrando-se de Cíntia.

— Sim, e foi no fim do século vinte — respondeu Lineu. — Eu pertencia a uma organização ambientalista e a gente lutava pela sobrevivência da vida marinha.

— Naquela época a poluição dos oceanos era um problema terrível — completou Rose. — A organização de Lineu combatia os petroleiros, navios imensos que carregavam petróleo pelos mares. O petróleo era a maior fonte de energia naquele tempo, vocês sabem...

— Nós fazíamos loucuras! Uma vez invadimos um navio que extraía petróleo do fundo do mar e estava destruindo toda a fauna daquela região. Chamamos a atenção do mundo todo! — contou Lineu.

— Até que um dia Lineu foi pego pela polícia — lembrou Rose. — E eu fui a agente que o interrogou. Aí, ouvindo a história dele, me apaixonei pela causa ambientalista. Larguei tudo e me juntei à organização.

— E deixaram? — perguntou Tom.

— Sim! Eu pedi demissão do meu trabalho, juntei minhas coisas e fomos viver juntos. Participamos de muitas outras causas para defender o meio ambiente. E eu tenho certeza de que, se não fosse por pessoas como nós, a vida na Terra já teria acabado, sabe?

Tom não sabia, conhecia muito pouco daquele assunto. Já tinha ouvido falar que o planeta vivera momentos difíceis no passado, mas nunca imaginou que a solução havia surgido pelo trabalho de pessoas como aquelas que Lineu e Rose foram em outras vidas.

O veículo chegou à praça e Tom sentiu um alívio. Não houvera tempo para ninguém lhe pedir que contasse sobre suas vidas passadas. O que diria? Que havia sido um moleque cuja mãe lhe dava comida na boca? Um menino que lavava copos num restaurante? Um estudante que saiu do interior para estudar na cidade? Não, aquelas vidas não tinham graça alguma diante das incríveis aventuras de seus novos companheiros.

As portas do veículo se abriram, e o pequeno grupo seguiu em direção à mesma mesa. Roger chegou poucos minutos depois.

Tom já se sentia entre amigos e quis saber um pouco mais do líder do grupo:

— E você, Roger? Qual foi a maior aventura de todas as suas vidas?

— Isso faz muito tempo — respondeu Roger, demonstrando certo desconforto. — E eu não sou mais cliente da Vórtex.

— Conta, cara! O Tom precisa saber quem você foi... — disse Lineu.

Os outros insistiram. A vida de Roger precisava ser contada.

Roger relutou um pouco, mas acabou concordando em revelar como foi sua vida mais emocionante.

✦✦✦

— Era dia, as ruas estavam vazias entre os prédios altos do centro da cidade. Eu e meus amigos saímos de uma esquina, atravessamos juntos a rua correndo e nos escondemos atrás de uma caixa de metal grande, na calçada. Era onde as pessoas compravam jornais e revistas de papel naquela época. Nós tínhamos os bolsos cheios de bolas de vidro pequenas, aquelas com que as crianças brincavam antigamente. O silêncio era total, até que ouvimos cavalos se aproximando. Eram muitos, com soldados montados. Vinham trotando, e pelo barulho que faziam eu calculava a distância que estavam de nós. Quando chegaram bem perto, dei o sinal. Juntos, atiramos as bolinhas de vidro na rua e corremos. De longe, vimos os primeiros cavalos caindo no chão, os que vinham atrás caíam também, jogando os soldados sobre o asfalto. Ouvimos o barulho dos tiros e corremos sem olhar para trás.

— E pegaram vocês? — perguntou Tom.

— Não daquela vez, mas a nossa vida era assim, sempre correndo, se escondendo. Depois de cada enfrentamento nas ruas, nós nos reuníamos numa casa escondida, num bairro quase no fim da cidade. Havia um homem mais velho que orientava as nossas ações. Eu era o preferido dele, o mais corajoso, ele dizia que eu tinha tudo para ser um grande líder. E que se a nossa luta desse certo, se fôssemos vencedores, eu certamente teria um cargo de comando.

— Você foi um revolucionário então... — disse Tom.

— Sim, e não era nada fácil. Nós comíamos mal, vivíamos escondidos, não podíamos abrir as janelas da casa. Às vezes ficávamos sem água até para tomar banho. Mas nada nos desanimava. Éramos cinco homens e duas mulheres. Uma delas era minha namorada. Foi um tempo de muitas aventuras, muita esperança, nós achávamos que íamos mudar o mundo. Na verdade, nós tínhamos certeza. E era isso que nos movia. A gente sonhava com um país melhor, onde não houvesse mais injustiças. Mas nada foi fácil. Um dia um amigo foi pego. Nunca mais soubemos dele. Fizemos de tudo, tínhamos alguns contatos, mas não conseguimos nada. Imaginamos que ele estava preso, ou talvez morto. Foi muito difícil, mas então eu assumi o comando. Consegui fazer o grupo se reerguer. Precisávamos reagir para que nenhum de nós tivesse o mesmo destino do nosso amigo. Recomeçamos as nossas ações na rua, outros jovens foram se juntando a nós, ficamos mais fortes. Foram muitos dias de luta nas ruas, protestos, marchas, até que um dia o preso fui eu.

— E o que aconteceu? — perguntou Tom.

— Eu não sei. Não quis saber, nunca mais voltei àquela vida. Mas acho que o nosso movimento venceu, acho que eu colaborei para que o mundo deixasse de ser um lugar de injustiças.

— Você nunca quis saber o que aconteceu?! — perguntou Tom, incrédulo. Se a Vórtex lhe apresentasse uma vida como aquela, ele iria até o fim para saber como tudo havia terminado. Como alguém podia ser tão indiferente ao próprio passado?

— Mas vamos ao que nos traz aqui hoje! — disse Roger.

Todos se acomodaram para ouvir o líder. Tom já se sentia um deles.

— Nossa missão é atacar uma grande corporação, a primeira delas. Depois do caminho aberto, outras serão atacadas também. E cada um aqui terá uma função e um momento de colaborar nesta grande ação que fará do mundo um lugar melhor.

Tom estava emocionado. Sentia-se no momento mais importante de sua vida.

— Mas o que é que nós vamos fazer, afinal? — perguntou ele.

— Tudo será explicado no tempo certo. Agora eu preciso saber se você está realmente disposto a ficar com a gente. Você tem o direito de não querer. Mas, se quiser, tem que assumir um compromisso de lealdade total. E jamais contar sobre nós para ninguém — disse Roger.

Tom engoliu em seco.

— Você terá um tempo pra decidir. Logo nos veremos novamente, aqui mesmo. Mas lembre-se: eu estou te dando a oportunidade da sua vida — disse Roger, virando-se e caminhando na direção de onde viera, sem se despedir de ninguém.

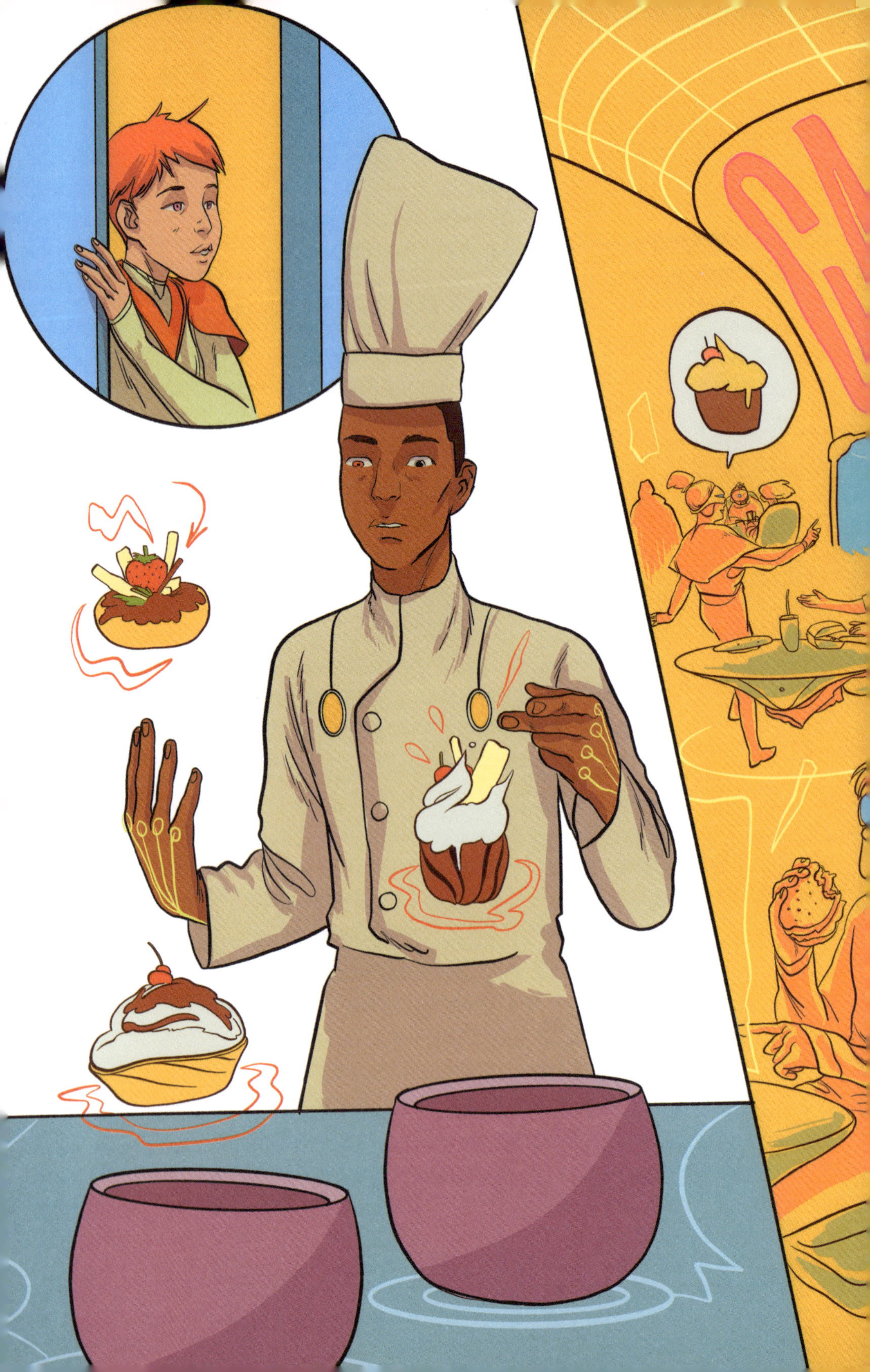

CAPÍTULO 08

Tom trabalhava em suas sobremesas no Cassiopeia pensando no encontro da noite anterior. Ele não entendia por que havia sido escolhido para ingressar no Inconfidência Mineira. De fato, ele queria mudar o mundo, mas não conseguia enxergar em si mesmo nada que o habilitasse a um feito tão grande. Nem na realidade e muito menos em suas vidas passadas. E também não se considerava uma pessoa corajosa... Deveria haver outra razão para o escolherem. Mas qual?

Cíntia surgiu na cozinha. Queria saber de Tom como havia sido o encontro na noite anterior.

— Eles não estão de brincadeira, Cíntia. Querem o mesmo que eu, acabar com esses malditos sistemas preditivos. Também acham que o mundo será melhor sem sistemas decidindo nossas vidas.

— E você vai mesmo participar disso?

— Fiquei de pensar. Mas acho tudo muito estranho. Eles não

dizem o que vão fazer, e eu não acho que estejam preparados para uma ação como essa.

— E que ação é essa, afinal?

— Não sei ainda ao certo — mentiu Tom, pensando em proteger Cíntia daquele segredo. Já havia falado demais. — A única coisa que sei é que eles querem uma vida diferente, como eu. Por isso me escolheram.

Cíntia puxou Tom pela mão e os dois foram para uma mesa no salão do restaurante. Ela estava pensativa.

— Isso tudo é muito perigoso, Tom! É uma decisão muito importante!

— Sim, eu sei. Mas, por outro lado... parece que o meu sonho está se realizando...

— Sonho?

— Você não entende, Cíntia? Pela primeira vez na vida eu tenho que tomar uma decisão importante sozinho!

— Não me diga que você está pensando em se juntar a esses loucos?

— Não acho que eles são loucos! Eles, ou melhor, nós somos os que conseguem enxergar as coisas, entende?

Cíntia conferiu as horas, deu um beijo em Tom e foi embora. Tinha muito o que fazer. Tom retornou à cozinha e aos seus pensamentos.

Tudo de que precisava era uma pista, uma indicação de onde procurar entre suas vidas passadas alguma em que tivesse feito algo digno de nota. Então lembrou-se de Roger. Que tempos eram aqueles em que as pessoas lutavam nas ruas pelos seus ideais! Não podia imaginar nada parecido acontecendo na realidade em que vivia.

Um raio de luz invadiu a mente de Tom. E se ele também fosse um revolucionário? Quem sabe Roger conhecia, de alguma forma, seu passado de glória? Talvez eles tivessem lutado juntos nas ruas!

Tom terminou as sobremesas e avisou Robinho que precisava sair para resolver um problema urgente.

— Aconteceu alguma coisa? — quis saber Robinho.

— Não, não é nada. Eu só preciso sair mais cedo hoje. Você se vira bem sem mim, não?

— Claro! Pode ir tranquilo!

Tom saiu do Cassiopeia em direção à loja da Vórtex. Ainda tinha algum dinheiro, compraria créditos lá mesmo.

Dentro da cabine, esperou ansioso que a máscara descesse completamente sobre seu rosto e, antes que a sonolência o invadisse, acionou o cursor até o ano 1968, o mesmo em que Roger vivera suas aventuras revolucionárias.

Tom comprovou mais uma vez a qualidade do PP-5, de fato mais potente e muito mais rápido. Logo tomou consciência de sua vida naquele tempo. Mas seu entusiasmo foi diminuindo à medida que se via novamente num lugar muito simples, onde nada parecia estar acontecendo. Havia casas coladas umas nas outras, que ocupavam um morro inteiro. E lá estava ele, correndo pelas ruelas apertadas do morro. Devia ter não mais do que dezessete anos, era magrinho, malvestido, cabeça quase raspada. Nos pés, uma sandália velha.

Tom estava impressionado, conseguia até ler os pensamentos de quem fora! Era como se penetrasse na vida do menino, que era sua também. O sol estava forte, ele tinha pressa de chegar ao topo do morro e continuava subindo a passos largos.

Mais um pingo de desapontamento invadiu Tom. Por melhor que fosse a qualidade do que via e ouvia, achava difícil que algo emocionante acontecesse naquela vida. Por outro lado, alguma coisa no menino o instigava. Adiantou um pouco o tempo, dois dias apenas.

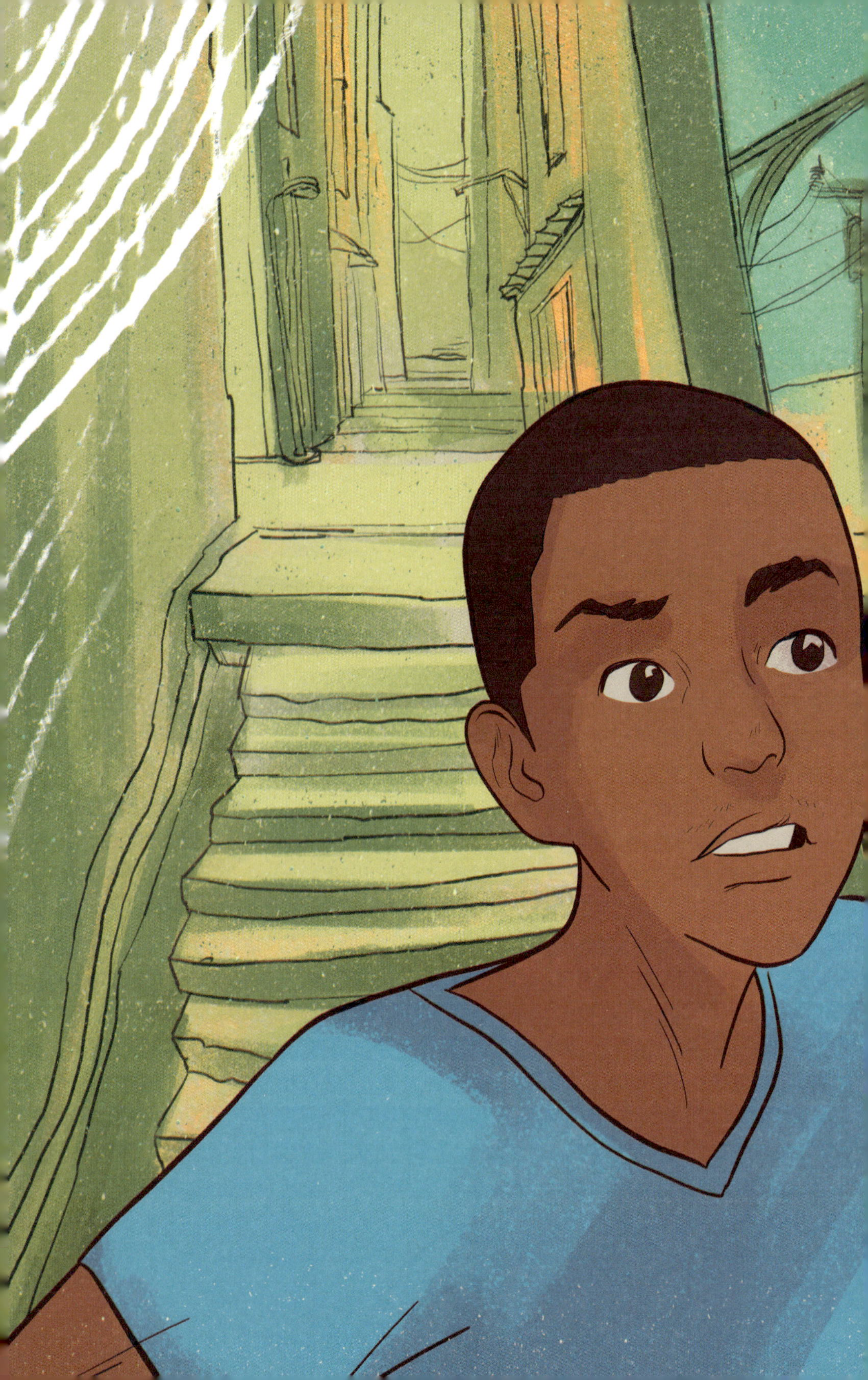

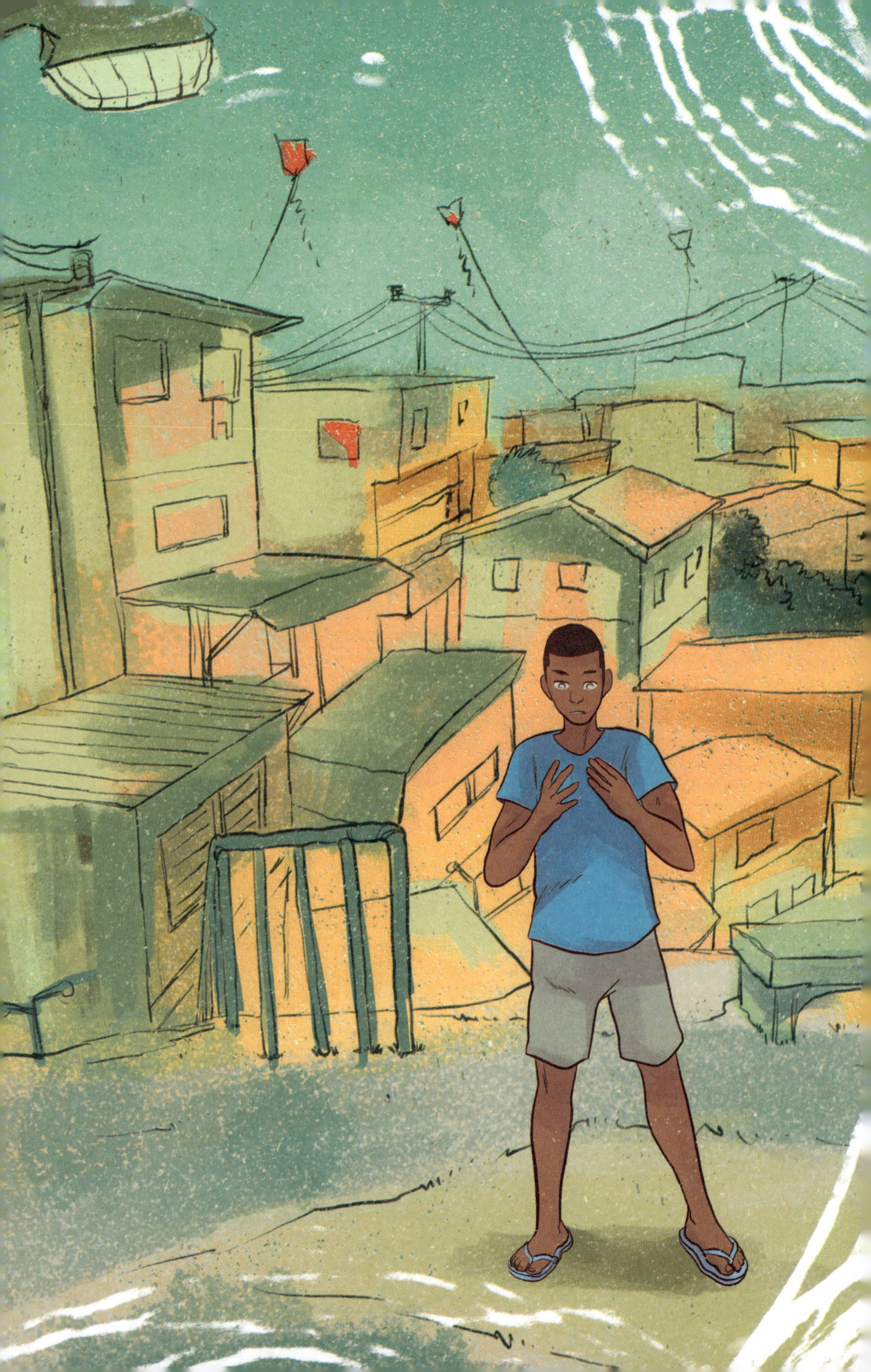

Encontrou-o no quarto de um casebre, trocando de roupa. De repente, uma mulher alta e forte entrou pela porta:

— Aonde você pensa que vai, Silvinho?

— Ô, mãe, que susto! Pensei que a senhora já tivesse saído...

— Você tá pensando que me engana? Troca essa roupa de jogar bola e coloca seu uniforme, que eu mesma vou te levar na escola hoje.

— Hoje tem aula? Nossa, eu pensei que fosse sábado!

— Toma vergonha nessa cara, garoto! — disse a mulher, puxando-o pela orelha. — Já pra aula, antes que eu perca a paciência! Vamos descer juntos, eu vou fazer faxina na casa da dona Marília, é bem no caminho da sua escola.

Silvinho trocou de roupa e saiu com a mãe. Descia o morro calado, era sempre a mesma coisa... Toda vez que pensava em faltar à aula, sua mãe desconfiava, dava-lhe um flagrante e não parava mais de brigar com ele.

— Você não se faça de bobo, Sílvio! Tem que ir pra aula todos os dias se quer tirar notas boas! Olha bem a vida da sua mãe, é isso que você quer pra você? Ficar limpando a casa dos outros?

— Não, senhora...

— Falta na escola um dia, depois acostuma e falta outro, e mais outro! Nada disso! Você tem que se formar, estudar pra ter suas coisas, meu filho. A escola tem que vir sempre em primeiro lugar.

— Tá bom, mãe...

— Promete que nunca mais vai faltar na aula, promete?

— Prometo, mãe...

— Promete que vai se formar, ter uma vida decente?

— Prometo, mãe...

A mãe de Silvinho interrompeu a caminhada e o abraçou com seus braços gordos e quentes. Silvinho sabia que ela nunca deixava de mostrar seu amor por ele, mesmo depois de uma bela bronca.

Finalmente os dois chegaram ao asfalto, e Tom foi com Silvinho até a escola.

Tom achava interessante ver como os conhecimentos eram passados naquele tempo. Tudo tão diferente... Os alunos sentados quietos em cadeiras, o professor de pé, escrevendo num quadro na parede... Não havia nenhum monitor, nenhuma imagem na sala.

Silvinho era esperto, Tom podia sentir. Mas parecia não gostar muito de estar ali na escola, tudo parecia muito monótono. Adiantou um pouquinho o tempo. A aula havia acabado, Silvinho passeava pelas ruas da cidade. Parecia bem mais empolgado. Via as vitrines, as lojas, as novidades. Gostava de estar onde a vida parecia mais fácil de ser vivida.

As cidades naquela época eram bem diferentes. Os veículos eram barulhentos, alguns eram enormes e levavam pessoas em pé. Muita gente andava nas calçadas e havia gente vendendo coisas nas calçadas também.

Tom adiantou a viagem, e Silvinho continuava passeando pelas ruas. Adiantou mais um pouco e viu o menino subindo o morro onde ficava a sua casa. Subia correndo. Tom consultou seus créditos: trezentos haviam ido embora naquela viagem. Resolveu parar, já tinha gastado mais do que podia. Acionou o botão de parada e no mesmo instante uma imensa labareda surgiu frente aos seus olhos.

✦✦✦

Hervana recebeu da matriz da Vórtex um perfil mais detalhado dos jovens que preocupavam as grandes corporações do mundo. Não havia ainda evidências de que a companhia era um dos alvos dos grupos invasores, mas todo cuidado seria pouco.

— Eles são jovens e apresentam um comportamento que não se via há muito, muito tempo. Mostram rebeldia, insatisfação, apesar de termos esse mundo que temos hoje, organizado, onde todos vivem suas vidas em paz, sem sobressaltos. A preocupação é que esses grupos estejam utilizando alguns dos nossos sistemas auxiliares para cooptarem pessoas. A matriz acha isso possível — disse Hervana.

— Sistemas como o Find-app?

— Exatamente.

— Mas é só isso que se sabe? E de que forma eles poderiam nos prejudicar? Nós chegamos a níveis máximos de segurança há muito tempo!

— Essa é a questão. Eles usam métodos diferentes, como já sabemos. E por isso temos que ficar atentos!

— Mas como podemos ficar atentos se não sabemos quem são esses sabotadores nem como eles agem? Como vamos traçar um plano de vigilância?

— Temos que aguardar mais instruções da matriz.

— Entendo — disse Lina, fazendo uma pausa. Pensou em Tom. Eram jovens como ele, inconformados com a realidade.

— A Vórtex sabe sobre seu irmão — disse Hervana.

Lina teve um sobressalto.

— Sabemos que seu irmão é um jovem fora dos padrões, que ainda não tem vida definida, que nunca usou nenhum programa de predição.

Lina já esperava que um dia Tom fosse identificado como um indivíduo merecedor de atenção, mas não pela Vórtex.

— Então você me deu essa tarefa por causa do meu irmão?

— Não, de forma alguma. Mas queremos apenas que você use o conhecimento que tem sobre jovens como o seu irmão para descobrir como chegar a esses grupos. Você sabe como fazer isso.

— Violando a privacidade dele?

— Violar é uma palavra muito forte, Lina. Nós temos meios mais éticos de fazer isso.

— Eu não sei se quero fazer esse trabalho.

— Você será muito bem recompensada por ele. E não apenas financeiramente. Se tudo der certo e nós conseguirmos nos livrar dessa ameaça, eu penso em integrar você no grupo que está investigando os clientes suspensos na matriz. Não é o que você sempre quis?

◆◆◆

Lina aguardava Tom em casa, suas preocupações haviam aumentado. Depois da conversa com Hervana, decidira almoçar no Cassiopeia para ver como Tom estava indo no trabalho, mas não o encontrou. Ele saíra cedo sem dizer aonde ia.

Tom entrou em casa com Cíntia. Lina os recebeu, nervosa:

— Aonde você foi hoje, Tom? Eu passei no Cassiopeia e você não estava...

Tom nunca havia visto sua irmã daquele jeito.

— Você sabe que eu respeito a sua privacidade, Tom, não fico vigiando aonde você vai ou não vai. Mas...

— Eu não estava fazendo nada de mais... — interrompeu Tom.

— Onde você estava, afinal?

— Na Vórtex!

— Você saiu mais cedo do trabalho pra ir à Vórtex? — perguntou Lina, indignada. — Quando é que você vai esquecer essas viagens ao passado e cuidar do seu presente? Você precisa cuidar da sua vida, fazer o seu prognóstico profissional...

— Mas eu não quero ninguém me dizendo o que eu tenho que fazer! Quero ter a liberdade de escolher a minha profissão, o meu futuro!

— Mas sem um prognóstico profissional você não tem futuro, Tom! Será que você não entende que essas coisas só facilitam a vida?

— Mas eu não quero uma vida fácil, eu quero uma vida de verdade!

— E é gastando seu tempo e seu dinheiro na Vórtex que você vive a sua vida de verdade? A sua vida de verdade está aqui, no presente, e você não quer ver isso!

Aquela era uma discussão cada vez mais frequente entre Lina e Tom, o único ponto em que eles se desentendiam.

— E você por acaso está feliz com a vida que esses sistemas mandaram você viver? Quem garante que você não seria mais feliz trabalhando em outra coisa? — perguntou Tom.

Aquela era uma pergunta à qual Lina não sabia responder, e por isso a rebatia da mesma forma:

— Nós estamos falando sobre a sua vida, não sobre a minha. O fato é que você está faltando com as suas obrigações no Cassiopeia.

— Eu não faltei com nada, deixei tudo pronto e saí mais cedo, apenas isso.

Lina resolveu parar com a discussão. Suspirou fundo, despediu-se de Tom e Cíntia e foi para o quarto. Mas as palavras de Tom, mais uma vez, lhe encheram de dúvidas. Ela era mesmo feliz com o que fazia?

CAPÍTULO 09

— Nós vamos implodir a Vórtex.

Tom não podia acreditar no que Roger havia acabado de dizer. Então era esse o plano? E logo a Vórtex? Por que não as companhias que atraíam milhões e milhões de pessoas oferecendo-lhes um caminho certo para o sucesso? Por que não aqueles programas que tinham a audácia de dizer aos outros por quem se apaixonar, com quem se casar, onde trabalhar?

— Porque a Vórtex é uma organização alienante! — respondeu Roger. — É por causa dela que todos se conformam com as vidas comandadas que têm! Se não fosse pelas viagens que a Vórtex promete, cada vez melhores, ninguém estaria satisfeito com a vida real. Está todo mundo entorpecido pelo passado, você não percebe?

Não, Tom não percebia, nunca sequer havia pensado daquela forma. Precisava refletir sobre aquilo. Não podia acreditar que a vida seria melhor sem a emoção do passado.

— Mas é claro que seria! — continuou Roger. — As pessoas voltariam a desejar a emoção no presente! Elas iam desejar uma realidade diferente e diriam *não* a todo esse sistema controlador!

Danilo reforçou o argumento de Roger:

— Você não percebe como está tudo armado, Tom? Enquanto todo mundo se fixa nas emoções do passado que a Vórtex proporciona, outras companhias manipulam o nosso futuro. Elas trabalham juntas, têm os mesmos interesses!

Tom estava confuso. Acabar com a maior companhia de telecomunicações do mundo lhe parecia uma missão absolutamente impossível. E qual seria a participação dele naquele plano tão... louco?

A luz da razão novamente iluminou a cabeça de Tom. Lina era a resposta. Por causa dela, ele havia sido escolhido para participar do Inconfidência Mineira.

— Vocês querem chegar até minha irmã, não é isso? — perguntou ele.

— A Lina não será prejudicada, eu garanto — respondeu Roger.

— Mas então o que vocês querem de mim?

— No momento certo, você será informado. Mas saiba desde já que você não terá que fazer nada que prejudique a sua irmã. Tem a minha palavra — disse Roger.

Cris sentou-se ao lado de Tom e pegou em suas mãos:

— Pense bem, Tom. Não é isso que você sempre quis? Um mundo diferente? Onde as pessoas pudessem fazer as próprias escolhas? Agora você tem a chance de fazer isso acontecer!

Rose e Lineu também se aproximaram de Tom:

— Fique ao nosso lado por um novo mundo, Tom. Você foi escolhido para isso, não pode fugir da luta. Nós contamos com você! — disse Rose.

Tom se lembrou de seus dias quando não estava na Vórtex. Da

monotonia que sentia, da insatisfação que tinha com sua vida sem graça. E ali estava ele com pessoas que pensavam da mesma forma e queriam fazer algo para mudar aquela realidade. Era bem possível que eles estivessem certos. Talvez fosse preciso agir para que um novo mundo surgisse e acabasse com o fascínio pelo passado.

— Então, Tom? Podemos contar com você para mudar o mundo? — perguntou Roger.

Alguns segundos muito incômodos se passaram até que Tom desse sua resposta:

— Sim, podem.

✦✦✦

Tom foi deixado em frente à loja da Vórtex, fechada. Era uma pena, pensou ele. Se estivesse aberta, entraria por alguns minutos. As chamas que vira no fim de sua última viagem eram um mistério que ele queria decifrar. Mas teria que ficar para outro dia.

A rua estava em completo silêncio. Tom começou a caminhar em direção à sua casa, pensando em tudo que acontecera naquela noite. Jamais poderia imaginar que para ter a vida que queria no presente teria que fechar as portas para o passado.

Ou não, pensava Tom, confuso. Afinal, que poder teriam Roger e seu pequeno grupo para acabar com a Vórtex? Como fariam isso? Aquela era uma das companhias mais seguras e poderosas de todo o planeta, ele nunca ouvira Lina falar de uma invasão sequer. Não, era muito arriscado participar de tudo aquilo. Talvez fosse melhor continuar sua vida exatamente como ela era. Afinal, tinha até seus momentos de emoção no Cassiopeia com as sobremesas.

Mas... e o futuro da humanidade? A vida continuaria cada vez mais chata? Nunca mais as pessoas sentiriam, de verdade, o prazer de decidir sobre as próprias vidas? Elas continuariam sendo guiadas por algoritmos? O que seria feito da iniciativa humana? Da inteligência humana?

Uma mensagem de texto chegou para Tom:

Verificamos que o seu movimento bancário vem apresentando comportamento anormal, com gastos excessivos na primeira quinzena do mês. Recomendamos um aconselhamento financeiro. Clique abaixo para obtê-lo.

Havia poucas coisas que Tom detestava mais do que aquelas mensagens que deixavam clara a vigilância que o cercava. Não bastava quererem direcionar sua vida, os malditos sistemas também monitoravam o que ele fazia com o próprio dinheiro!

Resolveu ignorar a mensagem. Tinha muito em que pensar e também muito o que fazer. No dia seguinte, iria até a loja da Vórtex para saber o que eram as chamas que vira nos últimos segundos de sua viagem. O que teria sido aquilo? Quem sabe estaria ali o feito heroico que tanto procurava... Quem sabe o garoto, o tal Silvinho, salvara pessoas num grande incêndio?

✦✦✦

Tom aguardou que o último cliente deixasse o Cassiopeia para poder comprar seus créditos para o PP-5 e ir direto a uma loja da Vórtex. Mas lembrou-se de que não tinha mais nada no banco. Decidiu então comprar os créditos com o dinheiro do caixa do restaurante, ao qual tinha acesso. Mais tarde, quando recebesse o pagamento, reporia o valor.

Tom estava com Silvinho novamente.

Era tardinha, o garoto subia o morro com sua bolsa da escola. Mas, à medida que se aproximava de casa, pessoas conhecidas o olhavam como se quisessem lhe dizer alguma coisa. Um senhor apoiou a mão sobre seu ombro, com uma atenção que nunca lhe havia dedicado. Um cheiro forte tomava conta do ar, e Tom podia senti-lo cada vez mais intenso. Era cheiro de fumaça.

Tom sentiu seu coração disparar, como o de Silvinho. Algo havia acontecido, e algo grave. Pulando os degraus, subiu as escadas que tinha à sua frente, depois pegou um atalho íngreme que o levaria mais rápido até o alto do morro. E de repente viu o que nunca esperara ver.

Tom mais uma vez sentiu a aflição de Silvinho como se fosse ele. Seu desespero ao ver sua casa completamente destruída pelo fogo. O garoto percorreu incrédulo o lugar onde ficava a porta, o pequeno quintal onde sua mãe pendurava as roupas para secar. Os vizinhos mais próximos o rodearam, ninguém sabia dizer como o incêndio havia começado. Silvinho não demorou a descobrir que a mãe havia morrido no incêndio. Ele estava sozinho no mundo, sem ninguém. Tinha apenas a roupa do corpo e a bolsa da escola.

Tom não suportou muito bem o sofrimento de Silvinho. Em nenhuma de suas outras vidas havia experimentado tamanha dor. Apertou o comando que terminaria a viagem e saiu rápido da cabine. Ganhou a rua aliviado e caminhou em direção à sua casa, mas logo sentiu necessidade de correr. Precisava tirar aquela dor de dentro de si.

CAPÍTULO 10

A subsidiária brasileira da Vórtex estava em festa. Nos últimos minutos do prazo, a venda do PP-5 havia batido a meta. Hervana conseguira a habilitação para ingressar o Brasil no Grupo de Ouro da companhia e participar do lançamento mundial do PP-1000. Os diretores ganhariam um bônus — uma viagem de três dias para a matriz da companhia, onde conheceriam todas as instalações da empresa.

Houve quem gostasse da notícia, mas Lina não estava muito entusiasmada. Talvez ela preferisse conhecer alguma colônia nova, um lugar onde a vida fosse diferente. Tudo lhe parecia igual em qualquer lugar do planeta. Lina conseguia entender seu irmão nesses momentos, quando era tomada por um misto de desânimo e insatisfação. Ela era bem-sucedida e, com a idade que tinha, já poderia consultar seu prognóstico amoroso, do qual receberia indicações de pessoas com quem poderia ter um relacionamento com mais chances de sucesso. Mas não se sentia animada a começar uma nova fase em sua vida.

Será que Tom tinha mesmo razão? E se ela nunca tivesse se tornado uma especialista em segurança de sistemas? Se tivesse tido a chance de escolher sozinha seu rumo profissional? Estaria mais feliz? Ou pelo menos mais empolgada com o que acontecia em sua vida?

Um novo boletim confidencial da segurança da matriz sobre o comportamento dos usuários chegou ao dispositivo de Lina. Ela percorreu a lista avidamente para encontrar mais algum cliente classificado como "suspenso". Nenhum daquela vez.

Lina estranhou a si própria. Sentia-se frustrada por não ter encontrado nenhum cliente suspenso. Percebeu que estava obcecada pelo problema, quando deveria estar focada no novo trabalho que Hervana lhe passara, sobre as ameaças que rondavam a companhia. Mas para ela não havia nada mais importante do que descobrir por que clientes morriam dentro das cabines da Vórtex.

Hervana entrou na sala de Lina sem bater. Tinha algo importante a dizer:

— A matriz acaba de enviar os procedimentos de vigilância que deveremos seguir. Vou trabalhar neles agora, depois conversamos.

✦✦✦

Tom tentava explicar a Cíntia o que sentira ao conhecer a vida em que fora Silvinho:

— É incrível, Cíntia, é como se eu pudesse sentir o que ele sente, pensar o que ele pensa. Você tem que experimentar!

— Não tenho tempo pra essas coisas agora, Tom!

— Mas é inacreditável. Esse menino que eu fui, o Silvinho, perdeu a mãe num incêndio. Eu juro que senti como se fosse a minha mãe que tivesse morrido daquela forma, senti uma dor real, era como se eu fosse ele! Pra falar a verdade, eu ainda estou sofrendo. Foi difícil demais...

Cíntia não parecia sensibilizada com o que seu namorado lhe contava:

— Estranho, Tom! Eu conheço um monte de gente que tem o PP-5 e ninguém fala essas maravilhas! O que eu mais ouço falar é que os créditos vão embora muito depressa. Tem gente até querendo voltar para o PP-4!

— Isso lá é verdade — disse Tom, lembrando-se do dinheiro que tirara do caixa do Cassiopeia.

Cíntia abraçou Tom e deu-lhe um beijo. Era sua forma de mudar de assunto:

— Sabe, Tom, eu queria conversar com você. Preciso muito de um favor seu!

— Qualquer coisa que você quiser, minha bruxinha — disse Tom, correspondendo ao beijo de Cíntia.

— É que eu já entrei no curso que o meu prognóstico indicou e pedi autorização para começar um estágio. Eles deram.

— Que bom, Cíntia. Mas não é cedo demais pra isso?

— Claro que não! Quanto mais cedo eu entrar numa companhia, mais chances eu tenho de ficar por lá. Isso conta muitos pontos para a minha IFO.

— IFO? O que é isso?

— IFO é a sigla de Indicação Formal de Ocupação. É a última etapa do prognóstico profissional. Você deve ser a única pessoa no mundo que não conhece essa sigla!

— Está certo! Mas o que é que eu posso fazer pra ajudar?

— É simples! Você sabe que eu quero muito trabalhar na Vórtex. Meu sonho é entrar e crescer na companhia, como sua irmã. E descobri que há uma maneira de driblar o sistema pra entrar lá! Basta a Lina me ajudar.

— Driblar o sistema? A Lina? Esquece, ela jamais faria algo assim.

— Mas não é nada ilegal, é só uma maneira de facilitar as coisas. Um monte de gente faz isso! Basta a Vórtex solicitar um estagiário à DIP com o meu perfil na mesma hora em que eu me habilitar a um estágio. Fazendo isso, a chance de eu ser escolhida é de 99%!

— E o que é a DIP? — perguntou Tom.

— É a Divisão de Informação Profissional! É o sistema que integra os candidatos a estágios com as demandas das empresas.

— Mas isso é driblar o sistema!

— Não! Isso apenas faz as duas partes ficarem satisfeitas. Eu quero muito trabalhar na Vórtex e tenho certeza de que a companhia vai gostar de mim! Não há nada de errado, todo mundo que tem preferência por estagiar em determinado lugar faz assim. A Vórtex sempre contrata gente nova e tudo de que preciso é que você me informe a hora em que o pedido de estagiário for feito pela Lina à DIP. Imediatamente eu me inscrevo e pronto! Você pode me ajudar?

— Está bem, você pode contar comigo sempre, minha bruxinha...

Cíntia e Tom beijaram-se longamente, e por alguns minutos Tom se esqueceu de Silvinho e de seu sofrimento.

CAPÍTULO 11

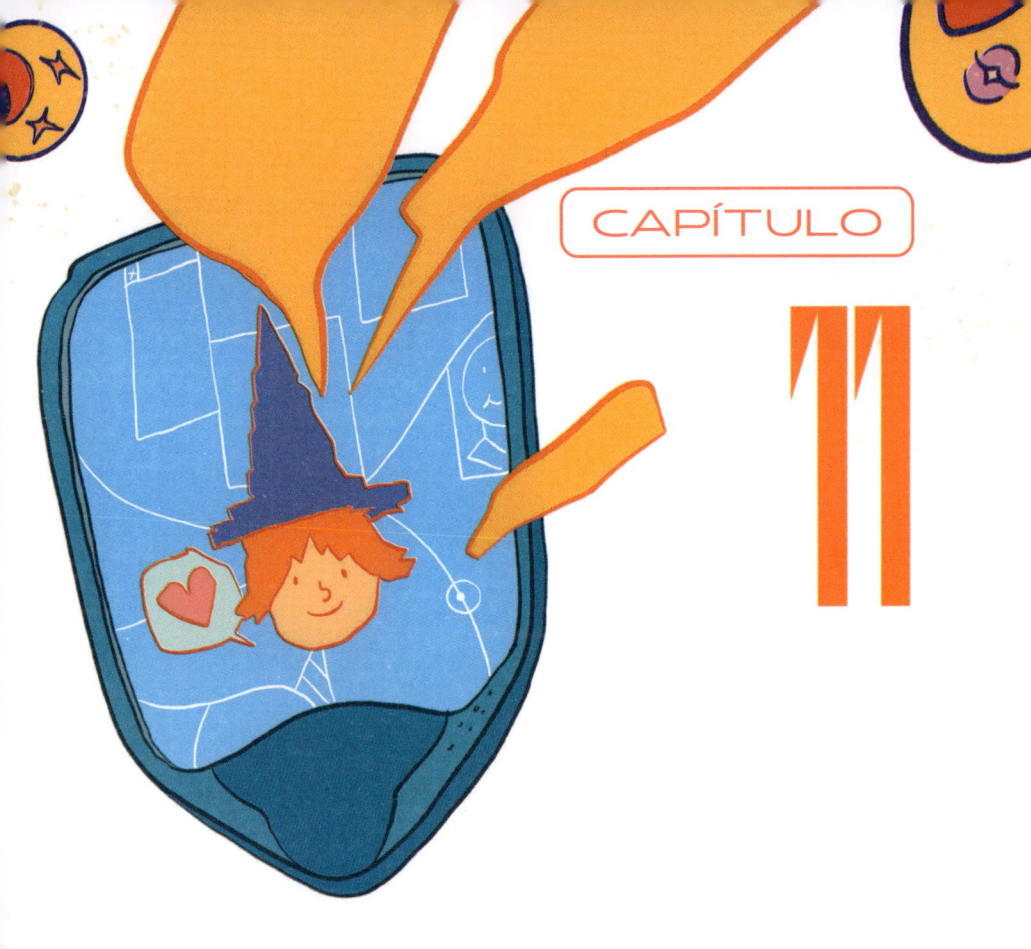

Seriam oitenta e cinco pratos naquele dia. O movimento do Cassiopeia ia de vento em popa. Tom estava finalizando as três sobremesas quando recebeu um alerta do Find-app. Era do grupo Carnaval_Salvador_2050, uma mensagem de texto:

> Bruxinha do bem procura príncipe enfeitiçado e transformado em banana. Encontrei?

Quem lhe enviava a mensagem era Patrícia. Tom não sabia quem era. Desde que encontrara Cíntia, nunca mais havia dado atenção ao que se passava naquele grupo. Mantinha-se nele apenas pelo fato de ter sido o criador.

Uma nova mensagem chegou, da mesma Patrícia. Era um áudio.

— Você não é aquele cara que me pediu pra tirar o seu feitiço? Uma bruxa má não tinha transformado você numa banana?

Tom não conseguia entender. Ele já havia encontrado sua bruxinha...

— Quem é você? — perguntou ele.

— Eu sou a Patrícia. A gente se encontrou no Carnaval de 2050. Você não está procurando uma bruxinha? Você não estava fantasiado de banana?

Tom continuava em silêncio. Aquilo era estranho, não se lembrava de ter conhecido outra bruxinha naquele Carnaval.

— Tudo bem, eu só queria te conhecer mesmo, saber o que você faz... mas, se você não está a fim, tudo bem. Até logo!

— Não, não é isso. Vamos conversar, sim. Eu... Eu posso te chamar outro dia? É que agora eu não posso, estou no trabalho...

— Então tá. Agora você já tem o meu contato, eu entrei no grupo. Quando estiver a fim de conversar, me chama. Tchau!

Tom não sabia o que pensar. Uma nova bruxinha surgia em sua vida. Como era possível? Seria uma falha do Find-app? Lina poderia ajudá-lo a entender o que estava acontecendo. Conectou-se com ela:

— Lina, qual é o nível de segurança do Find-app?

A pergunta assustou Lina:

— Por que você quer saber?

— Nada de mais, apenas curiosidade. Me responde: o sistema é seguro?

— É bom. Por quê?

— Bom? Só bom?

— É bom, Tom. Mas é um sistema auxiliar, feito pra fidelizar os clientes do PastPlus.

— E é possível conferir a veracidade das informações lá?

— O que você quer saber exatamente, Tom?

— Eu quero saber se é possível verificar se uma pessoa que entrou num grupo do Find-app esteve realmente naquela vida passada!

— Mas por que alguém ia dizer que esteve numa vida se não esteve? O que está acontecendo, Tom? Que grupo é esse em que você quer entrar? Você não está metido em nada perigoso, está?

— Claro que não, Lina! É só curiosidade...

— Tom, você sabe o que pode acontecer com pessoas que se metem onde não devem? No mínimo, uma deportação para alguma colônia precária. E o fato de você não ter o seu prognóstico profissional em dia só pioraria a sua situação!

As respostas de Lina não ajudavam. Tom deu uma desculpa e se desconectou, confuso. Ele nunca imaginaria que tanta coisa pudesse acontecer em sua vida. Acabara de ingressar em um grupo que pretendia transformar o mundo. E agora outra bruxinha surgia de repente!

Havia Silvinho também. Tom não conseguia esquecer o que acontecera e se culpava por isso. Talvez tivesse sido covardia sua interromper a viagem, não acompanhar Silvinho depois daquele incêndio que devastara sua vida. Mas era muito difícil suportar tudo aquilo.

Tom percebeu que precisava voltar àquela vida, não aguentaria mais um dia sem saber o que havia acontecido com Silvinho. Novamente colocou mais créditos em seu PP-5 com o dinheiro do caixa do Cassiopeia. Sabia que em pouco tempo o banco poderia acusar aquela movimentação, e Lina descobriria que ele estava usando um dinheiro que não era dele para comprar créditos da Vórtex. Entretanto, aquela situação em breve se resolveria. Com o fim da companhia, ele não teria mais gastos com o PP-5.

Tom não gostava de pensar em sua vida sem a Vórtex. Mas naquele momento, o que queria mesmo era saber o que tinha acontecido com Silvinho, como ele havia sobrevivido a tamanha dor. Uma dor que Tom ainda podia sentir.

❖❖❖

Na cabine da Vórtex, Tom ligou os controles, seus créditos foram lidos — a viagem teria a duração de vinte e seis minutos. A pequena máscara acoplou-se a seu rosto, e em poucos segundos Tom estava de volta a 1968. Encontrou Silvinho desolado no quintal incendiado de sua casa. Novamente sentiu o sofrimento do garoto, o medo do que estaria por vir.

— Toma esse café, Silvinho!

Uma senhora de cabelos brancos estendia um copo para Silvinho. Ele agradeceu e tomou o café.

— O que você vai fazer agora, meu filho?

— Não sei, dona Maria. Um amigo da escola me deixou dormir na casa dele, mas não vou poder ficar lá por muito tempo.

— Você não tem nenhum parente? E seu pai?

— Não sei nada dele; quando eu nasci, ele não estava mais aqui.

— Mas você não conhece ninguém da família do seu pai? Um irmão? Um tio?

— Não, não conheço ninguém.

— E os parentes da sua mãe?

— Moram no Norte. E eu nem tenho o telefone deles, só a mãe sabia... E ela falava pouco com eles...

Tom sentiu novamente um aperto na garganta, tinha vontade

de voltar para o presente e se livrar do que sentia, mas algo mais forte não o deixava sair dali.

A senhora aproximou-se de Silvinho:

— Olha, você pode almoçar e jantar lá em casa por esses dias, até resolver o que vai fazer. Pra dormir não tem lugar, mas comida não vai faltar.

— Obrigado, dona Maria.

— E a escola?

— Não fui hoje...

— Mas você não vai desistir, não é? Lembra que sua mãe queria muito ver você formado.

— Eu sei...

A senhora foi embora. Silvinho ficou ali, com o olhar perdido onde antes era o seu pequeno mundo. Se encontrasse pelo menos alguma lembrança de sua mãe, talvez não se sentisse tão sozinho. Levantou-se e foi até o lugar onde ficava a pequena cozinha da casa. Tudo eram cinzas. A pequena mesa onde faziam as refeições, o armário de madeira destroçado embaixo das telhas queimadas. Fazia silêncio, só havia desolação e tristeza. Silvinho sentiu uma fraqueza nas pernas. Sentou-se no chão e apoiou o rosto nos joelhos.

De repente, o barulho das folhas das árvores rompeu o silêncio. Um vento forte atravessou as portas e janelas da casa. Silvinho protegeu os olhos das cinzas que o vento levantava. Tão rápido quanto surgiu, o vento foi embora. O garoto abriu os olhos e percebeu alguns pedaços de papel queimado que o vento trouxera para bem perto de seus pés. Novamente seus olhos se encheram de lágrimas. Aquele era o velho caderno de receitas de sua mãe. Folheou as páginas, todas chamuscadas. Mas uma havia escapado ilesa do fogo. Era a receita do bom-bocado que sua mãe fazia.

Silvinho finalmente chorou. Se havia chegado até ali com pelo menos o mínimo para comer e se vestir, devia muito àqueles bons-bocados. Todo fim de semana sua mãe os preparava para vender na porta de casa. Aquele dinheirinho extra ajudava a pagar o aluguel, a manter a casa e a comprar o que Silvinho precisava para estudar. Muita gente lhe pedia a receita, mas ela sempre desconversava, aquele era seu maior segredo.

Uma ideia surgiu de repente na cabeça de Silvinho. Ele também poderia ganhar algum dinheiro fazendo bom-bocado! Tom era capaz de sentir o entusiasmo de Silvinho. Ficou feliz por ele, e por si próprio, mas logo se preocupou. Silvinho não tinha nada, como conseguiria começar seu negócio? E daria certo? Tom lamentou que naquele tempo ainda não fosse possível calcular com exatidão as probabilidades de sucesso de um negócio.

Mas isso nem de longe preocupava Silvinho. Aquela era a única saída que ele via para a situação em que se encontrava. Levantou-se, lançou um último olhar para as cinzas de sua casa e partiu decidido, com a receita no bolso. Teria que conseguir dinheiro para comprar os ingredientes. Mas aquele detalhe não diminuía seu ânimo.

Tom acompanhou Silvinho. Não tinha a menor ideia do que seria um bom-bocado, mas confiava inteiramente que devia ser algo muito gostoso. Silvinho desceu o morro correndo e pensando. Se conseguisse uma caixa de balas, poderia arranjar algum dinheiro vendendo-as na rua. Então compraria mais uma caixa de balas e venderia na rua de novo, até que juntasse todo o dinheiro de que precisava para comprar os ingredientes.

"Mas onde você vai cozinhar, se não tem mais uma casa e uma cozinha?", pensava Tom, enquanto acompanhava a correria e os pensamentos de Silvinho morro abaixo. "E onde você vai vender esses tais bons-bocados?"

Silvinho não pensava em nada daquilo que preocupava Tom. Tinha uma prioridade naquele momento e só pensava nela. Ao chegar ao asfalto, Silvinho parou e olhou para os lados, tentando lembrar onde havia uma loja de doces mais próxima. Seguiu para a esquerda, e Tom o acompanhou. Mas, quando dobrou a primeira esquina, recuou rapidamente. Quatro garotos vinham correndo pela rua. Silvinho sabia quem eram eles e podia apostar que estavam fugindo. Em poucos segundos, os garotos desapareceram entre as ruas que davam acesso ao morro, e Silvinho retomou seu caminho. Dois passos depois, viu notas de dinheiro no chão. Provavelmente caídas do bolso de um deles.

Silvinho pensou rápido: seria impossível saber a quem pertencia o dinheiro. Conhecia aquela turma, os garotos sempre assaltavam as pessoas nas ruas. Também não lhe parecia justo devolver a eles o fruto do roubo. Silvinho interpretou aquilo como uma ajuda do destino e pegou as notas do chão. Foi ao supermercado e comprou todos os ingredientes necessários para a receita do bom-bocado.

Tom foi alertado pelo monitor da cabine: sua viagem estava prestes a terminar. Tentou adiantar o tempo e, antes que seus créditos acabassem, conseguiu ver Silvinho saindo do mercado com duas sacolas na mão.

CAPÍTULO 12

— Você já ouviu falar em bom-bocado, Robinho?
— Bom-bocado? O que é isso?
— Um doce. Parece que era muito comum no século vinte.
— Você não para mesmo com essa mania de viajar na Vórtex, não é? Não sei como você consegue tanto dinheiro pra gastar com isso.
— Vai me dizer que você também não gosta da Vórtex?
— Gosto, claro. Mas de vez em quando. Não tenho dinheiro pra isso, é caro! Você sabia que a cada dia tem mais gente se endividando por causa dessas viagens? Pra que essa obsessão pelo passado? Que diferença faz?
— Eu não tenho obsessão, Robinho, apenas me divirto. Afinal, você não sabe mesmo o que é bom-bocado?

Robinho não sabia, mas, se era um doce, queria experimentar. Ele também adorava as sobremesas que Tom preparava no Cassiopeia.

Tom recebeu um chamado. Era Patrícia, a nova bruxinha que surgira em sua vida. Desculpou-se com Robinho, era um contato particular e ele precisava atender. Foi correndo até o salão do restaurante, onde não havia ninguém, e atendeu ao chamado.

Patrícia surgiu em seu dispositivo, sorrindo. Era bonita. Morena, olhos grandes. Queria saber se Tom tinha tempo para conversar. Tom acomodou-se numa cadeira e disse que tinha todo o tempo do mundo. Conversaram um pouco, descobriram que tinham a mesma idade e que moravam distantes um do outro. Ele no Sul, ela no Norte. Mas ambos dividiam uma mesma paixão: as viagens da Vórtex.

— Eu acho incrível ver como era a vida no passado, sabe? Se eu pudesse, morava dentro da Vórtex! — disse Patrícia.

Tom sorriu animado, e o estranhamento que sentia com aquela situação desapareceu. A empolgação que aquela nova bruxinha demonstrava com as viagens da Vórtex os aproximava.

— Aquele Carnaval foi mesmo muito bom... — disse Tom. — Você tem ido lá?

— Fui, mas rapidamente. Vi nós dois de novo, depois que eu desfiz o seu feitiço com a minha varinha, lembra? Nós descemos uma ladeira enorme, todo mundo superanimado. Eu me separei das minhas amigas, e você, dos seus. Ficamos juntos naquela noite.

— Foi? — disse Tom, pensando que assim que pudesse voltaria àquele Carnaval. Parecia bem interessante o que acontecera entre eles.

— Sim, foi por isso que eu procurei aquele Carnaval no Find--app. Vi que você estava me procurando... Aí fiz contato!

Tom estava sem jeito, sem saber o que dizer. Pensou em Cíntia.

— E você... pretende ir lá de novo? — perguntou ele.

— Acho que não — disse Patrícia. — Agora com o PP-5 os créditos acabam muito rápido. Não sou boba de ficar gastando créditos onde eu já estive...

— Nem eu! — mentiu Tom, lembrando-se de quanto havia gastado para ver novamente aquele moleque que comia bolinhos amassados pelas mãos da mãe.

— Outro dia eu descobri uma vida muito interessante que tive. Eu fugi de casa uma vez, sabia? — comentou Patrícia.

— Fugiu? Como assim? — quis saber Tom.

— Acontecia muito no passado. Quando a gente não estava satisfeita com a vida que tinha em casa, fazia as malas às escondidas e fugia!

— E ninguém conseguia localizar?

— Ninguém. Naquele tempo, ninguém localizava ninguém! Foi nos anos 1960, no século vinte!

— E por que você fugiu?

— É uma longa história. Você quer saber mesmo?

— Quero!

— Então vou te contar.

✦✦✦

— Eu tinha apenas dezesseis anos em 1968. Vinha caminhando com uma amiga por uma rua deserta, sapatos na mão, roupas brilhantes. Era madrugada e nós conversávamos, alegres. Falávamos de um desfile, que tinha sido maravilhoso! Um desfile de Carnaval.

— Carnaval? De novo? — interrompeu Tom.

Patrícia confirmou com a cabeça e continuou sua história:

— Chegamos na frente de uma casa. Então, a tal menina, que era eu, pediu à amiga que fizesse silêncio. Ela tirou um objeto metálico de dentro de uma bolsinha que levava escondida dentro da roupa e colocou num buraco na porta. Era assim que se abriam as portas naquela época.

— Sim, eu sei — disse Tom. — Continua...

— Bem, antes que a menina pudesse empurrar a porta, ela se abriu de repente e um homem muito alto e forte surgiu, de pijama. Foi um susto! A amiga dela saiu correndo, enquanto ela era puxada para dentro de casa por uma das orelhas. O homem bateu a porta com força. Eu só ouvi os berros da menina.

— Que história estranha... Essa tua vida está me parecendo bem ruim — disse Tom.

— Mas aí é que está. Se fosse só isso, eu teria parado por ali. Mas eu senti algo muito diferente. Era como se eu fosse realmente aquela menina, entende?

Tom entendia muito bem. Era o que ele sentia quando estava com Silvinho.

— Aí eu adiantei o tempo e me vi num lugar imenso e barulhento, com vários veículos terrestres muito grandes e pessoas transitando sem parar. A garota estava em pé, com uma mala no chão. A amiga estava de novo ao lado dela. As duas conversavam, a amiga pedia a ela que não fosse embora.

— Mas aonde ela ia?

— Ela disse que ia para a casa de uma tia que morava muito longe, no outro lado do país. Abriu a bolsa e mostrou para a amiga o que havia dentro: um pouquinho de dinheiro em notas e um papel com um nome e um endereço. Mas a amiga não podia contar nada pra ninguém, a menina não queria que os pais soubessem do seu paradeiro.

— Então ela foi embora sem avisar ninguém?

— Sim, fugiu de casa. Porque o pai era um homem muito ruim, não a deixava sair, e por isso tinha dado uma surra nela. Aí a menina resolveu viver a própria vida, longe da família.

— Hoje isso seria impensável... Imagina se alguém pode sair sem que ninguém saiba para onde foi!

— É por isso que eu gosto dessas vidas do passado, Tom. Quanta liberdade as pessoas tinham, elas faziam o que queriam!

Patrícia já havia ganhado a simpatia de Tom, mas, com aquelas palavras, acabara de ganhar muito mais.

— Eu penso exatamente como você — disse ele.

— É mesmo? Que bom, Tom! Mas agora preciso ir. A gente se fala mais qualquer dia. Tchau!

— Tchau, Patrícia. A gente se fala...

✦✦✦

Hervana e Lina estavam na sala de segurança da Vórtex. Hervana tinha novidades da matriz para compartilhar:

— Acredita-se que a possibilidade de sermos a próxima companhia a ser atacada é grande. Teremos que reforçar todo o nosso esquema de segurança.

— Mas nós precisamos de mais dados, apenas o perfil dos integrantes desses grupos é muito pouco para montarmos uma estratégia. Temos que saber pelo menos como eles agem! — disse Lina.

— É esse o dado novo que chegou até nós. Parece que esses grupos utilizam métodos de sabotagem usados durante a Guerra Fria, que aconteceu no século vinte.

— Que métodos eram esses?

— As duas maiores potências mundiais da época não se enfrentaram com armamentos, elas usaram todo tipo de espionagem e sabotagem para prevalecer no conflito político e ideológico que criaram.

— Então temos que focar esse período, os clientes que visitam esse período.

— Sim, mas não só esse. Há diversos períodos na história em que se praticavam ações de sabotagem presenciais, muito antes da informatização do mundo.

— Hum... Temos muito trabalho pela frente!

— Sim, muito trabalho. E trabalho confidencial. Preciso que você organize a sua equipe, destaque os melhores para trabalhar nessa frente. Não vamos poder nos guiar apenas pelas informações dos robôs.

— Certo. Vou fazer isso. Mas posso adiantar que vamos precisar de mais gente, para que a equipe não seja desfalcada.

— Está certo. Solicite mais dois estagiários à DIP. Está bom assim?

— Está ótimo.

CAPÍTULO 13

Tom pensava em Patrícia enquanto aguardava o veículo que o levaria a uma nova reunião do Inconfidência Mineira. Seria ela realmente a bruxinha que conhecera em seu passado? E Cíntia? Seria possível que tivesse encontrado duas bruxinhas naquele Carnaval?

Tinha sido bom demais conhecer uma pessoa tão entusiasmada com o PP-5 quanto ele. Quantas impressões de viagens poderiam trocar, quantas experiências! Mas havia uma ameaça àquela amizade que se iniciava. Imaginou o que Patrícia faria se soubesse que tudo aquilo estava prestes a acabar.

As dúvidas voltavam à cabeça de Tom. Mudar o mundo lhe parecia agora um salto grande demais. E que garantias ele tinha sobre o futuro caso o plano de acabar com a Vórtex fosse descoberto? E se fosse pego e levado para uma colônia onde tivesse que realizar trabalhos braçais?

Tom recebeu um chamado de Cíntia. Sabia que precisava ter uma conversa séria com ela sobre o Carnaval de 2050. Mas não naquele momento.

Parecia que Cíntia não ia desistir. Tom resolveu atender:

— O que você quer, Cíntia? Eu não posso conversar agora. A gente pode se falar mais tarde?

— Eu soube que a Vórtex vai contratar dois estagiários por esses dias. Chegou a hora de você conversar com a Lina.

— Sobre o quê?

— Você não se lembra, Tom? Sobre a minha entrada na Vórtex! Você disse que ia me ajudar!

Tom havia esquecido completamente o que Cíntia lhe pedira. E, naquele momento, tinha coisas mais urgentes para tratar. Resolveu encurtar a conversa, o veículo do Inconfidência Mineira chegaria a qualquer momento:

— Está bem, Cíntia. Eu falo com ela. Agora eu preciso ir. Tchau!

O veículo chegou, e Tom entrou. Rose dirigia, e Lineu ia ao lado dela.

Danilo puxou a conversa:

— E então, Tom? Como vai a vida?

— Confusa — respondeu Tom, ainda pensando em Cíntia e Patrícia. Precisava descobrir quem era sua verdadeira bruxinha.

— Mas vai melhorar — disse Lineu, voltando-se para trás, a fim de entrar na conversa. — Quando você tirar a Vórtex da sua vida, vai sentir a diferença. A nossa realidade é essa aqui, é hoje, e é nela que a gente tem que fazer as verdadeiras mudanças.

— Talvez vocês tenham razão...

— É claro que nós temos razão — disse Cris. — E você pode confiar, nós sabemos muito bem o que estamos fazendo, não somos um bando de malucos que quer mudar o mundo!

Mas era disso que Tom duvidava. Ele ainda não se convencera da habilidade do Inconfidência Mineira para concretizar o projeto de acabar com a Vórtex e com as grandes corporações. Talvez estivesse entrando em uma confusão que poderia lhe custar muito caro.

— Não tenha medo — disse Rose. — Você só precisa confiar em nós e no Roger. Ele sabe muito bem o que está fazendo.

O veículo chegou à mesma praça meio abandonada. Os cinco caminharam até o local do encontro, onde Roger já estava. Todos se cumprimentaram rapidamente. Roger pediu que se sentassem e disse:

— Cada um de vocês está aqui por uma razão específica e pode ou não ser convocado para atuar, dependendo de como as coisas vão ser encaminhadas. Peço que mantenham o compromisso de vocês e a consciência de que estamos fazendo algo muito importante.

Todos continuavam calados, e Roger prosseguiu:

— Trata-se de uma ação completamente analógica, e sem uso de força. Ninguém vai sair machucado. O que estamos para fazer aqui já foi tentado em outros lugares, mas não deu certo. Depois de algumas pesquisas, o nosso comando chegou à conclusão de que aqui seria possível executar o plano com mais facilidade.

— E por quê? — perguntou Tom.

— Porque aqui as pessoas ainda estão mais suscetíveis a quebrar pequenas regras, e é disso que vamos precisar.

Era a primeira vez que Roger falava de um comando superior a ele. Tom suspeitou que o movimento que guiava o Inconfidência Mineira era maior e mais organizado do que ele imaginara. E certamente muito mais poderoso. Sentiu um princípio de medo, além de uma vontade imensa de abandonar tudo aquilo. E ali estava a sua última oportunidade de fazê-lo. Levantou a mão lentamente e aguardou que Roger lhe desse a palavra:

— Você tem alguma pergunta, Tom?

— Na verdade, é uma comunicação — respondeu ele. — É que eu estou pensando em desistir de participar desse grupo.

— Como é que é? — perguntou Roger, enfurecido.

Tom estranhou a reação de Roger, que até então costumava ser mais educado.

— Você acha que isso aqui é uma brincadeira? Que você pode entrar e sair quando quiser? — perguntou Roger.

— Agora é tarde — disse Danilo.

— Não tem mais como voltar atrás — completou Cris.

— Nem pensar! — disseram juntos Lineu e Rose.

Roger reassumiu o comando da situação, colocando-se frente a frente com Tom:

— Você não pode mais sair, seu prazo de desistência já passou. Agora tem que ir até o fim. A ação já foi deslanchada.

✦✦✦

Tom foi deixado na porta da Vórtex. Não sabia o que fazer. A negativa de Roger havia tirado dele toda a esperança de retomar sua vida normal. Queria voltar a trabalhar em suas sobremesas no Cassiopeia, queria continuar a gastar seu dinheiro comprando créditos para o PP-5, queria acompanhar a vida de Silvinho e ainda outras vidas que tivera. E também continuar a conversar com Patrícia sobre as viagens que faziam às suas vidas passadas.

Precisava de um conselho, alguém para conversar. Mas não havia ninguém com quem pudesse dividir sua aflição. Era mais seguro manter o segredo. Caminhou um pouco pelas ruas e acabou retornando ao ponto onde havia sido deixado pelo Inconfidência Mineira. A loja da Vórtex ainda estava aberta, e resolveu entrar.

Precisava fugir um pouco da realidade, nem que fosse por meia hora apenas. Lembrou-se de que não tinha créditos e novamente usou o código da conta do Cassiopeia.

Tom estava de novo no lugar em que mais gostava de estar, uma cabine da Vórtex. Aguardou a máscara acoplar-se a seu rosto, entrou com os créditos e sentiu a sonolência se aproximar. Recostou-se melhor na poltrona, e Silvinho surgiu em sua frente, caminhando. O garoto bateu numa porta, que se abriu. Dona Maria disse que entrasse e lhe ofereceu um copo de café. Silvinho estava excitado e sua ansiedade contaminou Tom, que chegou a acreditar que o havia ajudado a formular a proposta que fez à vizinha: "A senhora me deixa fazer os bons-bocados no seu fogão, e eu lhe dou quarenta por cento do que eu vender".

Dona Maria concordou, e Tom acelerou a viagem. Precisava saber o que aconteceria, se a ideia de Silvinho daria certo. Encontrou os dois fazendo o doce num pequeno fogão, semanas depois. Adiantou um pouco mais o tempo e viu Silvinho descendo o morro com uma grande cesta cheia de bons-bocados para vender nas ruas.

Ao anoitecer, quando as pessoas do morro começavam a voltar do trabalho, dona Maria montava uma mesinha em frente à sua casa para vender os doces e aguardar o retorno de Silvinho. Em poucos meses, os dois fizeram uma boa freguesia.

Começaram a surgir encomendas, e o trabalho foi crescendo. Tanto que Silvinho acabou se mudando para a casa de dona Maria. Dormia na cozinha, num colchonete. Os dois trabalhavam de manhã até a noite, cozinhando, embalando e vendendo os bons-bocados. Já era trabalho demais para duas pessoas, e Silvinho pensava que seria bom ter mais alguém para ajudar.

Tom ficava cada vez mais intrigado com a vida de Silvinho. Tudo mudava tão de repente! Num dia, ele havia perdido tudo que tinha. No outro, o mundo abria-lhe as portas! E quanto menos

Tom entendia a vida de Silvinho, mais penetrava naquela sua vida passada. Resolveu acelerar mais o tempo. Seis meses adiante.

Era noite. Silvinho e dona Maria embalavam os bons-bocados na cozinha, quando ela lembrou:

— E a escola, Silvinho?

— É mesmo, dona Maria! A escola... Temos que arrumar um jeito de vender lá. A senhora conhece o dono da cantina, não conhece?

— Eu não estou falando dos doces, eu estou falando dos seus estudos. Ou você acha que a sua mãe ia ficar satisfeita de ver você sem estudar?

Silvinho se lembrou da mãe. As brigas para que ele não faltasse às aulas, as vezes em que ela ia até a escola conferir pela janela se ele estava lá, o jeito orgulhoso como o olhava fazer os deveres de casa na mesa da cozinha enquanto ela preparava o jantar. A lembrança doeu no coração de Tom.

— Você tem que voltar pra escola, Silvinho... O maior sonho da sua mãe era ver você formado. Você vai esquecer isso?

Dona Maria tinha razão. Mas Silvinho não tinha mais tempo de ir para a escola. Precisava comprar os ingredientes, preparar os bons-bocados, embalar, vender. E ainda estava pensando em tirar a carteira de motorista. Tinha planos de comprar um carrinho de segunda mão para as entregas, que só cresciam.

Alguém bateu na porta e dona Maria foi atender. Voltou para a cozinha acompanhada de uma moça. Chamava-se Soraya. Tinha uma mala na mão, vinha do interior. Dona Maria conseguiu ver a conveniência da chegada de Soraya.

— Você sabe fazer bom-bocado?

— Nunca fiz... É um doce, não é?

— Mas sabe ralar coco?

— Claro, tia!

Então estava tudo resolvido. Soraya trabalharia nos doces

durante a noite com dona Maria, assim Silvinho teria tempo de completar os estudos.

Os créditos terminaram e Tom saiu feliz da cabine. A vida de Silvinho lhe fazia muito bem, e a chegada daquela moça, a Soraya, fez tudo ficar ainda melhor.

Como era bonita a sobrinha de dona Maria! Era incrível como ela iluminara a casa quando entrou. Ele, assim como Silvinho, sentira que Soraya era diferente. Havia algo nela, e Tom precisava saber o que era. Ainda que isso lhe custasse mais créditos.

✦✦✦

No dia seguinte, um novo aviso do Inconfidência Mineira voltou a apavorar Tom. Haveria uma reunião naquela mesma noite. Tudo estava acontecendo rápido demais e ficando perigoso demais, mas Tom sabia que não tinha como fugir.

No horário combinado, ele estava no local de sempre, na porta da Vórtex, à espera do veículo que o levaria à velha praça. O veículo chegou. Apenas Danilo e Lineu estavam dentro dele. Tom entrou, perguntando por Cris e Rose.

— Elas estão em outra tarefa nesse momento, hoje seremos apenas nós três. E Roger — disse Lineu, que estava no controle do veículo.

Danilo avisou a Tom que precisaria colocar uma venda em seus olhos. A reunião aconteceria na sede da organização, cujo endereço era secreto. Tom se assustou, mas não teve como negar.

De olhos vendados, a caminho da reunião, Tom pensava em Soraya. Tinha certeza de que Silvinho se encantara com ela tanto quanto ele. Soraya era bonita, tinha um sorriso largo, satisfeito. Os cabelos estavam presos num rabo de cavalo, e Tom imaginava como ela ficaria com eles soltos, sobre os ombros. Se ele fosse Silvinho, faria de tudo por um beijo de Soraya.

— Mas eu *sou* Silvinho! — disse Tom para si mesmo, esquecendo onde estava.

— O que você disse? — perguntou Lineu.

— Nada, esquece! — disse Tom, disfarçando a pequena satisfação que sentia. Sim, ele havia sido Silvinho!

O veículo parou, e Danilo pegou no braço de Tom, ainda com os olhos vendados. Enquanto caminhava, Tom se deu conta de que nunca mais viveria aquele tempo caso a Vórtex fosse exterminada. Nunca mais veria Silvinho, nunca mais veria Soraya. Tomou então uma decisão: não moveria uma palha para destruir a Vórtex.

Tom percebeu que haviam chegado ao local da reunião. Danilo o autorizou a tirar a venda dos olhos. O rosto de Roger foi o primeiro que ele viu, a um passo do seu.

— Chegou o seu momento — disse ele.

Tom sentiu uma força que não conhecia dentro do seu peito e disse:

— Eu não quero mais participar de nada disso.

Roger sentou-se e pediu a Tom que se sentasse ao seu lado.

— Se você está quebrando a sua palavra, você está me autorizando a quebrar a minha palavra também — disse Roger.

— E isso significa o quê?

— Significa que eu não posso mais garantir a sua segurança.

Tom percebeu que estava encurralado. De nada adiantaria a sua disposição em sair do grupo, abandonar aquela causa. Baixou a cabeça e disse:

— O que eu tenho que fazer?

— Algo muito simples — disse Roger, calmamente. — Sua missão é convencer a sua irmã a fazer algo. E depois disso você estará completamente livre, não vamos lhe pedir mais nada.

— Convencer minha irmã de quê? Você me garantiu que nada aconteceria a ela...

— E mantenho a minha palavra. Nada vai acontecer com a sua irmã e nem com você, caso vocês dois colaborem com a gente...

Tom se viu sem saída:

— E o que você quer que a minha irmã faça? Eu tenho que convencê-la a fazer o quê?

— A me colocar dentro da Vórtex — disse alguém que acabava de entrar na sala onde acontecia a reunião.

Era Cíntia.

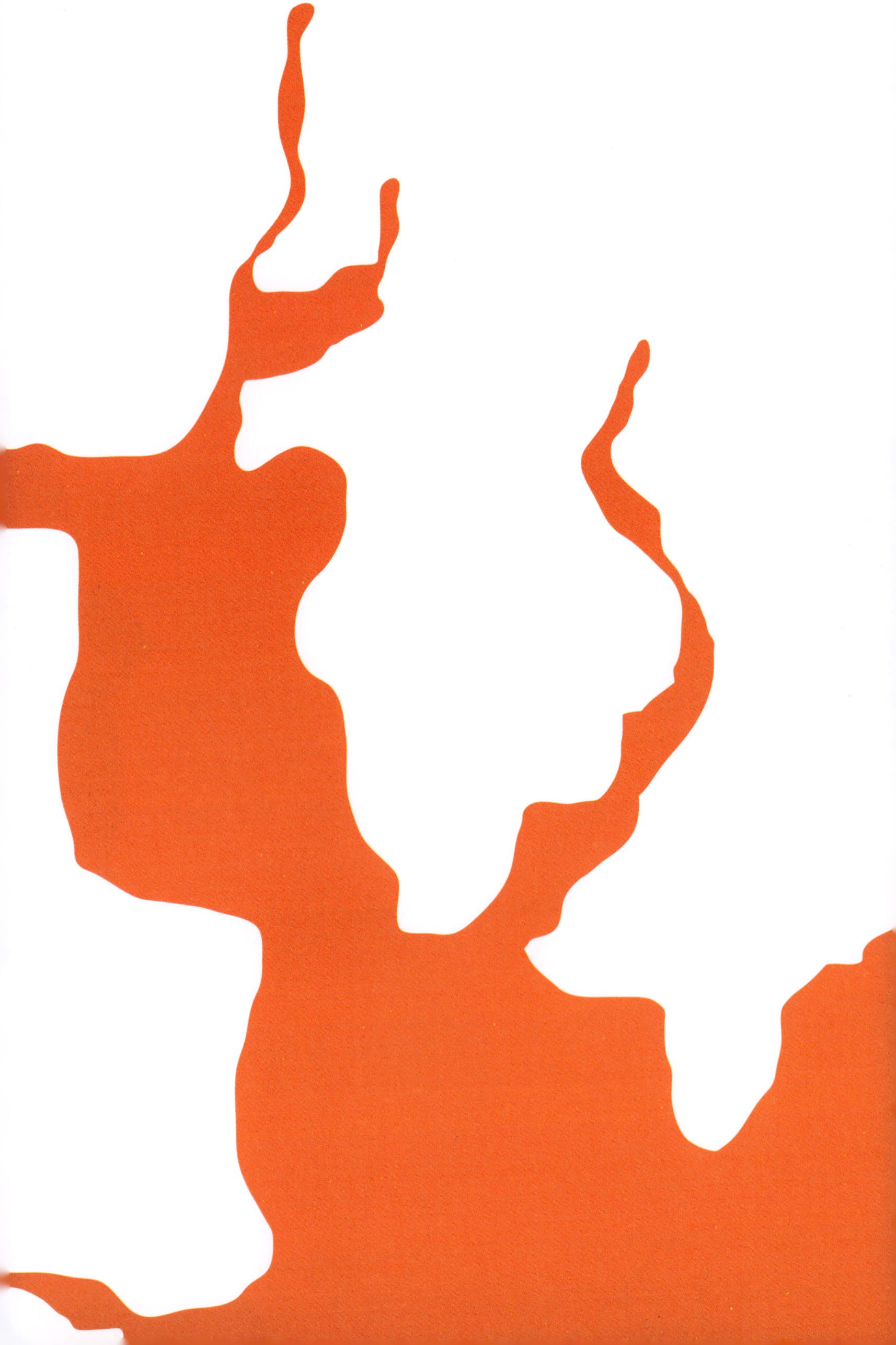

CAPÍTULO 14

A primeira etapa do plano para sabotar a Vórtex era bastante simples: colocar alguém do Inconfidência Mineira dentro da companhia. E esse alguém era Cíntia.

Tom começava a entender. Cíntia havia se aproximado dele com um propósito. E certamente ela não era mesmo sua bruxinha. Tudo não havia passado de um plano e ele tinha caído como um bobo.

— Então você nunca esteve naquele Carnaval? — perguntou Tom para Cíntia, que mantinha a cabeça baixa.

— Depois vocês resolvem isso — disse Roger, puxando Cíntia pelas mãos e colocando-a ao seu lado. — Agora você tem que convencer sua irmã a colocar a Cíntia dentro da Vórtex.

— Vocês dois estão juntos? — perguntou Tom, surpreso com a proximidade de Cíntia e Roger.

Cíntia levantou a cabeça e encarou Tom. Foi direta:

— Eu pedi a você que me ajudasse e você não fez nada, Tom! Era só falar com a sua irmã e tudo estaria resolvido. O primeiro estagiário já está lá dentro. Agora nós só temos uma chance, e você vai ter que me ajudar a entrar na Vórtex!

Tom lembrou. Devia ter conversado com Lina, como Cíntia havia lhe pedido, mas estava tão envolvido com seus problemas que esquecera.

— Tudo o que você tem que fazer é pedir a Lina que facilite a minha entrada, do jeito que eu falei — insistiu Cíntia.

— Depois você está livre, eu prometo — disse Roger.

— Lina não faz nada que seja errado — Tom retrucou, olhando para Roger.

Cíntia postou-se na frente de Tom e disse:

— Se você prometer que fará o seu prognóstico profissional, eu tenho certeza de que ela vai concordar em me ajudar a entrar na Vórtex.

Tom não tinha mais argumentos. Só lhe restava concordar.

A reunião foi finalizada. Danilo vendou novamente os olhos de Tom, e ele foi colocado dentro do veículo. Ao ser deixado no local de sempre, tirou a venda e viu que Cíntia também estava ao seu lado. Tentou disfarçar a surpresa e tomou o rumo de casa. Cíntia segurou-o pelo braço:

— Tom, nada disso muda o que eu sinto por você. Depois que tudo isso acabar, nós vamos recomeçar de onde paramos, tá bom?

Sem vontade alguma de conversar, Tom se despediu secamente:

— Eu vou falar com a Lina amanhã. Assim que tiver alguma notícia, eu te aviso.

— Ótimo. Será melhor assim. Você sabe que estamos fazendo o que é certo, não sabe?

Tom não respondeu. Livrou seu braço das mãos de Cíntia e foi embora.

Lina cuidava do projeto de vigilância na sala da diretoria da Vórtex. Hervana já tinha a lista nominal de pessoas consideradas dignas de "atenção" pelos sistemas do governo. Tratava-se de uma lista sigilosa, à qual pouquíssimas pessoas tinham acesso. Hervana a conseguira sob a justificativa de uma ameaça à segurança da companhia. A Vórtex tinha um imenso poder econômico, bastante importante para o país, e por isso a lista foi cedida, com o compromisso de que apenas pessoas de estrita confiança da companhia tivessem acesso a ela.

— Vamos começar com os nossos próprios registros de comportamento dos clientes para identificar viagens a épocas e lugares suspeitos, além de movimentos que fogem ao padrão. Só depois entraremos com a lista de atenção do governo. Ela é bem grande — disse Hervana.

— Então nós vamos mesmo invadir a privacidade dos nossos clientes...

— Não vejo dessa forma, Lina. Nós estamos apenas detectando clientes que podem ser uma ameaça para nós. Por enquanto é só isso que vamos fazer. E não estamos infringindo nenhuma cláusula. Os nossos clientes, quando assinam o contrato de serviços, permitem monitoramento em casos de força maior.

"Sim, os contratos com letras minúsculas", pensou Lina. Era incrível como as pessoas, no ímpeto de conseguir o que desejavam, ainda confiassem nas corporações a ponto de concordar com cláusulas que não conseguiam ler!

— E depois? — perguntou Lina.

— As máquinas vão fazer essa triagem inicial. Depois começa a etapa dos seus analistas de segurança. Eles trabalharão apenas com códigos, os nomes dos clientes vão continuar em confidencialidade.

Acho que seria bom começarmos o trabalho pelo Find-app, cujo sistema é bem mais simples.

— Talvez devêssemos tomar outro caminho — disse Lina. — Todo usuário do Find-app é um usuário dos nossos planos PastPlus. Melhor começarmos a monitorar esse sistema. Ainda que dê mais trabalho, teremos respostas mais precisas.

— Certo, Lina — concordou Hervana.

Um alarme soou no bolso de Hervana, e ela olhou o dispositivo. Era uma mensagem particular. Pediu licença para sair da sala por alguns minutos. Precisava fazer um chamado, mas voltaria rapidamente.

Vendo-se sozinha na sala, Lina não pensou duas vezes. A tela de Hervana ainda estava aberta com a lista de pessoas sob atenção do governo. Rapidamente, ela tocou na letra T. Deslizou seu dedo até encontrar o nome de Tom na lista. Registrou em sua memória o código numérico do irmão.

✦✦✦

Tom estava em seu quarto, deitado na cama, pensando em como iria pedir a Lina que ajudasse Cíntia a ingressar na Vórtex. Precisava usar um argumento convincente, o que talvez não fosse difícil. Como Cíntia havia dito, bastava que ele prometesse fazer o prognóstico profissional, e Lina abriria mão de seu rigor.

Alguém bateu na porta do quarto, mas entrou logo em seguida. Era Lina. Sentou-se na beira da cama e começou uma conversa com Tom, procurando aparentar calma:

— Você sabe, Tom, que vivemos sob certa vigilância e que você não corresponde ao que se espera de um jovem da sua idade. Não se interessa por nenhuma formação, está alguns anos atrasado no seu prognóstico de carreira... Qualquer sistema apontaria você como um alienado, um desajustado.

— Mas por que você está me dizendo isso? — perguntou Tom, alarmado.

— Por nada, eu apenas me preocupo muito com você — disfarçou Lina.

— Bem, eu acho que não é proibido viver como eu vivo. Ou é?

— Não, não é proibido, mas é suspeito. E é esse o meu medo — disse Lina, aproximando-se de Tom.

— Eu sou um suspeito? Suspeito de quê?

— De nada, Tom, mas você precisa saber que viver dessa forma é perigoso! Você tem que dar um jeito na sua vida, pensar no seu futuro! Veja só o exemplo da Cíntia, sua namorada. Desde que vocês se conheceram, ela já fez o prognóstico e ingressou no curso que indicaram pra ela! Por que você não faz o mesmo?

Tom percebeu que aquele era o melhor momento para introduzir a questão de Cíntia. A questão que acabaria com o maior prazer que tinha em sua vida.

— Então eu vou tranquilizar você, minha irmã — disse Tom. — Amanhã mesmo eu vou fazer o meu prognóstico profissional.

— Vai mesmo? — perguntou Lina, exultante.

— Vou!

— Você promete?

— Sim, prometo.

Lina sentiu um grande alívio. Tom podia ser um rebelde, mas tinha palavra.

— Mas eu preciso pedir uma coisa, Lina. Um favor.

— Um favor?

— Cíntia quer entrar logo numa companhia grande, como a Vórtex. Quer começar como estagiária, para depois ir crescendo lá dentro.

— Sim, foi assim comigo na companhia. Cíntia faz muito bem!

— Pois é. Mas a questão é que há muitos candidatos querendo entrar nas vagas de estágio da Vórtex, você sabe.

— Sei. A companhia está crescendo bastante.

— Eu queria que você ajudasse a Cíntia a conseguir uma vaga na sua área. Há mais uma vaga para estagiário lá, não é?

— Como você sabe disso? — perguntou Lina.

— Eu não sei... — disfarçou Tom. — Estou só perguntando se tem uma vaga! Tem?

— Essa é uma informação confidencial, você sabe disso. Mas eu não sei como eu poderia ajudar a Cíntia. Quem envia os estagiários para a companhia é a Divisão de Informação Profissional, a DIP!

Tom contou o que poderia ser feito. Bastava Lina avisar a ele o momento exato em que o estagiário seria solicitado. E pedir um candidato com o perfil de Cíntia, claro!

Lina ouviu o que Tom lhe dizia. Parecia simples, embora não concordasse com aquele método. Mas considerou a segurança de seu irmão mais importante. Se ele fizesse o prognóstico e desse um rumo à vida dele, sairia da lista do governo. Além disso, ela gostava de Cíntia, era uma boa moça. Prometeu que a ajudaria a ingressar na Vórtex.

— Amanhã vou solicitar o último estagiário para a DIP. Vou ajudar a Cíntia a conseguir essa vaga.

— Você só precisa me avisar quando for se conectar com o sistema da DIP, só isso!

— Então está combinado, Tom. Aguarde o meu chamado amanhã pela manhã. Até a hora do almoço eu faço o pedido.

— Eu fico aguardando o seu aviso então. Obrigado, Lina! A Cíntia vai ficar muito contente!

— E o seu prognóstico profissional? Promete que faz logo, Tom?

— Prometo. Amanhã à tarde, sem falta!

Lina deu um beijo no irmão, aliviada, e foi para seu quarto. Tom enviou uma mensagem de texto para Cíntia. No dia seguinte, ainda pela manhã, Lina o avisaria do horário em que faria o pedido à DIP.

CAPÍTULO 15

Tom acordou no dia seguinte sentindo-se triste, desencantado. Era como se ele tivesse sido traído pelo destino. Toda a mudança que sempre desejara no mundo estava prestes a acontecer. Não haveria mais controles, sistemas preditivos nem a parafernália algorítmica que controlava a vida das pessoas. Mas o feito lhe cobrava um preço muito alto: o fim da Vórtex, o adeus a Silvinho e Soraya. Aquele tempo era, na verdade, o único lugar onde ele queria estar.

E ali estava Tom, de novo, numa das cabines da Vórtex, com créditos comprados mais uma vez com o dinheiro do Cassiopeia, contando os segundos para ser transportado para um tempo em que podia ver apenas boas perspectivas. Tom tinha uma urgência dentro dele, precisava saber o que mais acontecera na vida de Silvinho antes que a Vórtex acabasse de vez.

Estava em 1969. A cozinha de dona Maria havia se transformado numa pequena fábrica de bom-bocado. Ela, Silvinho e Soraya trabalhavam o dia todo. Silvinho administrava o que ganhavam. Reinvestia uma parte do dinheiro comprando máquinas e guardava um pouco. Tinha planos de crescimento para o negócio.

Tom estava feliz de ver o rumo que Silvinho dava à própria vida, que era a vida dele também. Nunca havia encontrado, em suas existências anteriores, uma trajetória como aquela. Por algum motivo, e sem nenhuma previsão, tudo acabava dando certo na vida daquele garoto. A relação com Soraya também progredia. O namoro havia começado às escondidas. Era um momento que Tom adorava: ver como Silvinho e Soraya aproveitavam as menores distrações de dona Maria para trocarem os beijos mais apaixonados.

Um dia, dona Maria os flagrou. Havia saído de casa, viu o tempo ruim e resolveu voltar para pegar um casaco. Surpreendeu os dois aos beijos na cozinha. Depois de dar garantias de que suas intenções com Soraya eram sérias, Silvinho pôde começar o namoro, mas sempre sob a severa vigilância da tia da jovem. Ele estava cada vez mais apaixonado, os dois faziam planos para o futuro e tornaram-se inseparáveis.

Tom interrompeu a viagem. Aquela sensação de felicidade era tudo de que ele precisava. Todos os pensamentos ruins haviam ido embora, o amor de Silvinho e Soraya fazia-o sentir-se renovado. Além disso, queria guardar um pouco de crédito para uma próxima viagem. Se é que haveria uma próxima viagem da Vórtex...

Olhou o relógio, já eram quase dez horas da manhã. Robinho esperava-o no Cassiopeia. Lina avisaria a qualquer momento o horário em que faria contato com a DIP. E, depois, Cíntia abriria as portas da Vórtex para o projeto de sabotagem do Inconfidência Mineira.

Seria um dia difícil.

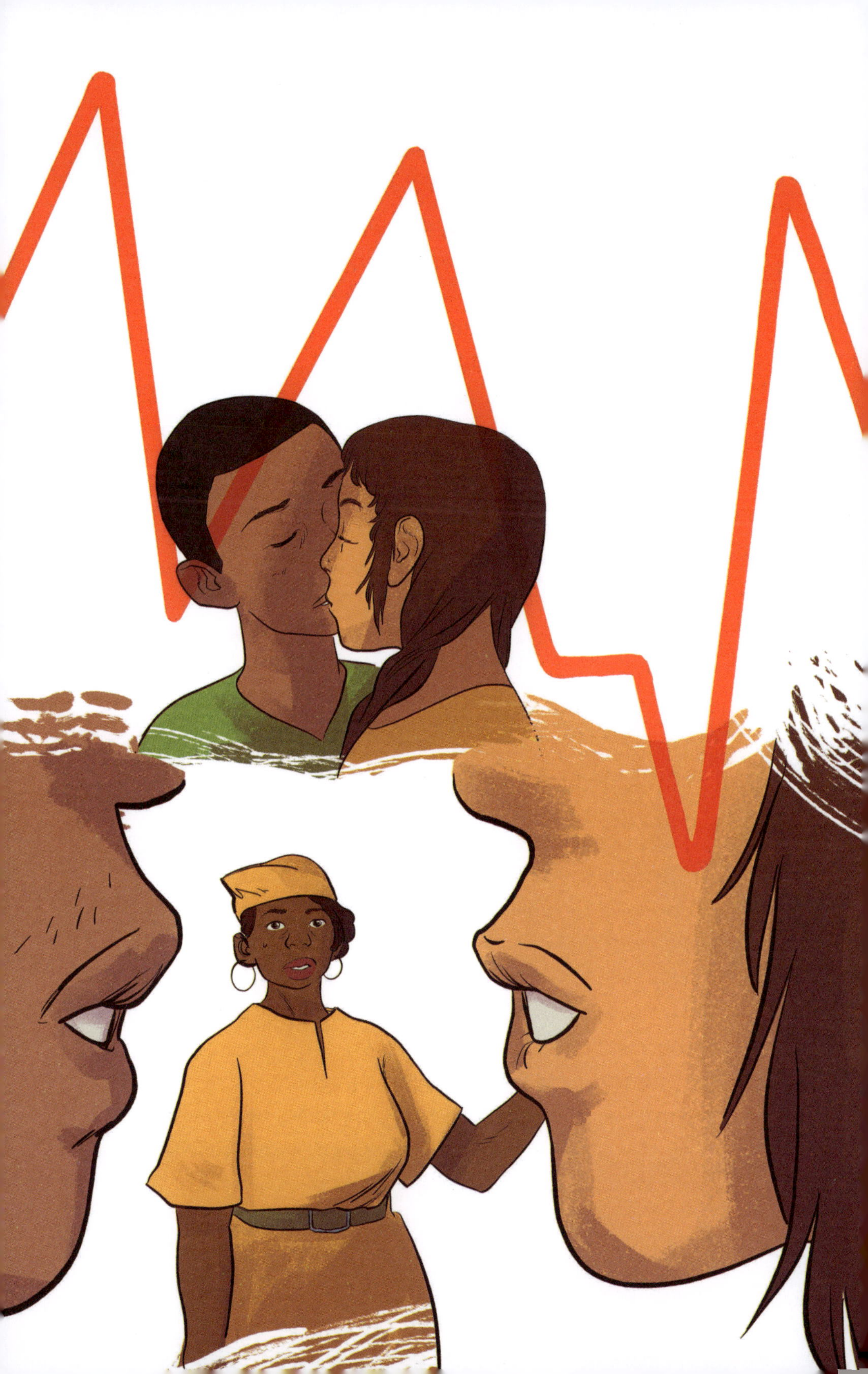

Os robôs da Vórtex já haviam rastreado todos os registros de viagens de seus clientes e separado aqueles que deveriam ser investigados. Eram 114 532 clientes. Lina decidiu rodar um novo rastreamento, adicionando alguns critérios, para que os resultados fossem mais efetivos.

Conseguiu uma relação de clientes bastante parecida, sua estratégia não teve êxito. Decidiu então combinar a lista gerada pelos robôs com a lista de cidadãos merecedores da "atenção" do governo. O número de pessoas diminuiu bastante. Por fim, eliminou da lista aqueles com mais de vinte e cinco anos. Começaria a trabalhar com esse novo resultado. Eram 2 035 pessoas a serem investigadas individualmente.

Sua equipe estava a postos. Já havia traçado todos os lugares e as épocas em que as sabotagens eram praticadas de forma analógica. Seria preciso ainda investigar viagens longas demais, clientes que costumavam visitar a mesma época vários dias seguidos; enfim, comportamentos que fugiam ao habitual.

Lina lembrou-se do pedido de Tom. Acionaria logo a Divisão de Informação Profissional para solicitar um estagiário.

Hervana entrou na sala, trazendo boas notícias:

— Lina, hoje teremos a primeira reunião para o lançamento do PP-1000. E nós estamos dentro!

Lina não compartilhava do entusiasmo de Hervana:

— Não é cedo demais para isso? Acabamos de lançar o PP-5, e agora esse problema com a segurança...

— Nós não podemos esperar, Lina. O plano é fazer o lançamento dentro de um ano, temos que começar a pensar na estratégia de *marketing* agora! Dessa vez, o PP-1000 será lançado simultaneamente em todos os países do Grupo de Ouro da Vórtex!

— Eu preciso participar dessa reunião?

— Não, você fica aqui, esse monitoramento é fundamental, a matriz está preocupada. E eu tenho certeza de que você vai resolver esse problema muito antes do que eu espero. Confio totalmente em você! — disse Hervana, deixando a sala.

Lina tinha medo da velocidade com que as coisas andavam dentro da Vórtex. Pensou novamente nos clientes suspensos. Havia algum tempo que não acompanhava os relatórios secretos de segurança. Resolveu acessá-los para checar se algum novo caso tinha sido registrado no mundo.

◆◆◆

Tom estava deixando a loja da Vórtex quando recebeu um chamado. Pegou seu dispositivo e viu o rosto de Patrícia. Aquela era sua bruxinha, a verdadeira bruxinha, a paixão de uma vida passada.

— Você pode conversar agora? — perguntou Patrícia. E sem esperar que Tom respondesse, emendou: — É que eu acabei de vir daquela minha vida passada e queria conversar com alguém...

Tom pediu a Patrícia que aguardasse um pouco, apenas o tempo de ele encontrar um bom lugar onde pudesse conversar melhor com ela. Entrou num pequeno café, sentou-se e disse que estava pronto para ouvi-la.

— Você lembra que eu fugi de casa, não lembra?

— Lembro, claro!

— Pois então! Hoje cedo eu parti dali na última viagem com o PP-5, que, aliás, levou todos os meus créditos!

— Nem me fale, Patrícia! Também gastei todo o meu dinheiro esse mês com a Vórtex!

— Eu peguei um daqueles veículos grandes, com um monte de gente. E passei um tempão dentro dele, numa estrada que não acabava nunca! Então eu adiantei o tempo e cheguei ao Rio de Janeiro!

— Ao Rio?

— Sim! O veículo grande parou numa estação enorme, com mais veículos. Aí eu andei bastante e cheguei a um outro lugar, onde havia mais veículos. Eles andavam pela cidade toda, cheios de gente dentro!

— E você não ficou perdida?

— Não, segui minhas anotações num papel. Parei num lugar cheio de gente, muita confusão, muito barulho. As ruas eram muito barulhentas naquela época!

— E depois?

— Depois eu fui perguntando, perguntando, e cheguei num morro. Fui subindo, subindo... Já estava quase desistindo quando encontrei o endereço. Mas aí aconteceu... Assim que eu entrei na casa da minha tia, tive outra vez aquela sensação incrível! Parecia que eu estava lá mesmo, de verdade, não era mais como se eu estivesse apenas assistindo a outra vida minha, sabe?

Tom sabia. Era exatamente como ele se sentia quando estava com Silvinho.

— Minha tia me ouviu, disse que eu podia ficar ali e me colocou logo pra trabalhar! Ela estava com um rapaz, os dois estavam fazendo uns doces. Muitos doces. Minha tia me botou sentada na mesa da cozinha, e eu passei o resto do dia ralando coco.

Toda aquela história soava estranhamente familiar para Tom. Ele perguntou:

— Que ano era esse em que você estava mesmo?

— Era 1968.

— E qual era o nome desse cara que estava com a sua tia?

— Acho que era Sílvio. Sim, era Sílvio! Minha tia o chamava de Silvinho.

— E o seu nome? O seu nome era Soraya, não é?

— Isso mesmo! Meu nome era Soraya. Como você sabe?

Tom aproximou a imagem de Patrícia de seus olhos. Não conseguia acreditar...

— Patrícia, você não vai acreditar... Eu também estava lá! O tal cara que estava com a sua tia sou eu! Eu fui o Silvinho! Eu te conheci, eu vi você chegando na casa da dona Maria! Eu fui o Silvinho!

— Você? Não é possível!

— Sim, é possível!

Tom estava exultante, havia tanta coisa que ele queria falar, fazer. Patrícia era Soraya!

Um novo chamado surgiu no dispositivo de Tom. Ele resolveu ignorar. O chamado insistia, era Roger. Precisava atender.

— Eu tenho que atender a outro chamado agora, Patrícia, me desculpa, é urgente! Mas precisamos muito conversar. Eu te chamo logo, eu prometo!

Patrícia disse que o aguardaria, também estava muito feliz, queria muito conversar com Tom. Aquilo não podia ser apenas uma coincidência. Primeiro, o Carnaval na Bahia. E agora aquela vida no Rio de Janeiro em 1968...

Tom atendeu ao chamado de Roger:

— Oi, o que você quer?

— Apenas avisar que estamos aqui a postos na sede da organização. Já sabe quando vai acontecer?

— Acontecer o quê?

Roger se enfureceu:

— Como o quê, Tom? Cíntia está aqui comigo, estamos prontos, aguardando o chamado!

"Claro!", pensou Tom. O chamado de Lina, a entrada de Cíntia na Vórtex, os planos do Inconfidência Mineira. Mas tudo aquilo lhe parecia completamente sem importância naquele momento. Ele só pensava em Patrícia.

— Será agora pela manhã, Roger, como eu disse pra Cíntia. Assim que a Lina fizer o contato, eu aviso vocês. Agora preciso ir — disse Tom, desligando o dispositivo.

CAPÍTULO 16

Tom sabia que não poderia mais voltar atrás, teria que colaborar, caso não quisesse colocar sua vida em risco. Mas precisava descobrir o que aconteceria com Silvinho e Soraya, agora que tinha consciência de que ele e Patrícia haviam dividido aquela mesma vida. Precisava sentir como seria estar na pele de Silvinho sabendo que Soraya era Patrícia.

Ainda tinha alguns créditos. Voltou à loja da Vórtex e entrou na primeira cabine vazia que encontrou. Sentou-se na poltrona e, mal a máscara foi acoplada a seu rosto, uma sensação deliciosa tomou todo o seu corpo. Silvinho e Soraya beijavam-se na porta da casa de dona Maria. A rua estava deserta, parecia ser tarde da noite. Soraya começava a contar a Silvinho por que fugira de casa.

Tom acelerou bastante o tempo, aquela história ele já conhecia. Parou em 1970, um ano depois. Viu Silvinho entrando em um galpão. Ele estava diferente, vestia-se melhor, mais arrumado.

Andava rápido, cumprimentando com a cabeça as pessoas por quem passava. Eram funcionários de uma fábrica. Encontrou dona Maria, que parecia mais jovem, estava risonha e dava um abraço em Silvinho.

As pessoas que estavam dentro do galpão chamaram a atenção de Tom. De um lado, algumas manipulavam máquinas enormes, que pareciam ser misturadores de massas. Outras tiravam tabuleiros de um grande forno. Do outro lado, muitas lidavam com seladoras e máquinas de embalar. Todas usavam toucas e aventais, nos quais se lia "Doce Magia".

Parecia mesmo uma magia tudo aquilo, pensou Tom, sorrindo. Era inacreditável! Em apenas um ano, Silvinho e dona Maria haviam montado uma fábrica de doces! Sem nenhum programa preditivo, consultoria ou qualquer sistema!

Tom percebeu ainda uma máquina de onde um rapaz recolhia coco ralado. Lembrou-se de Soraya. Onde estaria ela? Voltou-se para Silvinho e aumentou o volume da conversa entre ele e dona Maria, por causa do barulho das máquinas:

— Soraya ainda não chegou? — perguntou ele.

— Ainda não. Disse que tinha coisas importantes pra fazer na rua e voltaria só no final da tarde.

— Mas a tarde já está acabando!

Mal Silvinho acabou de falar, a porta do galpão se abriu, e Soraya entrou com um sorriso no rosto. Parecia emocionada.

— Eu tenho uma notícia maravilhosa! — disse ela, puxando Silvinho e a tia pela mão até um local menos barulhento.

Tom sentiu seu coração bater mais forte. Uma notícia maravilhosa, vinda da boca de Soraya, era tudo com que ele poderia sonhar. Mas não houve tempo de saber qual era a notícia. Seus créditos terminaram.

Nunca Tom se sentira tão perdido. Queria muito saber o que Soraya tinha de tão maravilhoso a dizer. Tentou mais uma vez comprar créditos com a senha do Cassiopeia, mas não conseguiu. Todas as contas a que tinha acesso estavam bloqueadas, esperando que ele aceitasse uma consultoria financeira.

Precisava urgentemente de mais créditos, precisava saber o que de tão maravilhoso Soraya tinha para contar. Foi correndo até o Cassiopeia, encontrou Robinho na cozinha:

— Até que enfim você chegou, Tom! — disse Robinho. — Eu já estava pensando na desculpa que ia dar para os clientes hoje... Não temos nem uma sobremesa ainda!

— Robinho, eu preciso que você me ajude, é um assunto urgente!

— Mas o que houve? — perguntou Robinho, assustado com a aflição de Tom.

— É um caso de vida ou morte, por favor, me ajuda! — exagerou Tom. Saber o que aconteceria com Silvinho e Soraya era tudo que lhe importava naquele momento.

— Mas o que você quer?

— Eu preciso de dinheiro — disse Tom.

— De quanto você precisa?

— Quanto você tem?

— Cem, talvez cento e cinquenta...

— Está ótimo! Eu prometo que devolvo o mais rápido possível.

Robinho tirou o dispositivo do bolso, acessou sua conta e entregou-o a Tom, que rapidamente carregou seu PP-5 com todo o dinheiro que Robinho tinha.

Tom conectou-se com Patrícia enquanto caminhava em direção à loja da Vórtex. Precisava contar a ela que a vida que viveram no passado havia sido fantástica! Os dois estavam juntos, unidos, e algo maravilhoso estava por acontecer.

— Oi, Tom! Que bom falar com você de novo!

— Eu estive com Silvinho, Patrícia, em 1970! E você não imagina o que aconteceu! Nós dois estávamos juntos!

— Nós dois?

— Sim, como no Carnaval de 2050, nós dois juntos de novo! E nossa fábrica cresceu!

— Fábrica?

Tom falava rápido enquanto caminhava pela calçada. O tempo corria.

— Nós construímos uma fábrica de doces! O nome era Doce Magia, ou Magia Doce, não lembro mais. Mas havia um monte de gente trabalhando, um cheiro gostoso... Silvinho conseguiu! Ele e Soraya! Sabe aquela sensação, que parece que a gente está ali? Foi o que eu senti na fábrica, Patrícia, você tem que ir lá ver!

— Eu vou! Eu vou! Que lindo tudo isso, Tom! Eu não vejo a hora...

— E tem mais uma coisa...

— Conta!

— Você, quer dizer, a Soraya tem uma grande novidade pra contar!

— Que novidade?

— Eu não sei, não consegui saber. Meus créditos acabaram bem na hora em que você, quer dizer, a Soraya ia contar. Mas eu carreguei meu PP-5 de novo e estou indo lá ver! Você não pode ir também?

— Posso! Acabei de colocar mais créditos.

— A gente podia ir junto, nós dois...

— Juntos, é possível?

— Acho que sim! Por que não seria?

— Então tá. Quando vamos?

— Agora!

— Agora?

— Agora! Quanto tempo você precisa pra chegar numa loja?

— Cinco minutos!

— Então dentro de cinco minutos a gente vai pra 1970. Juntos!

✦✦✦

Faltavam dez minutos para o meio-dia. Roger e todo o grupo do Inconfidência Mineira aguardavam o chamado de Tom. Cíntia estava pronta, ansiosa por se apresentar ainda naquela tarde na Vórtex. E depois aguardaria as instruções do que fazer lá dentro. Sua ação poderia acontecer logo, ou demorar mais um pouco. Tudo dependeria das ordens superiores.

A ideia de se tornar a protagonista da ação que destruiria o poderio das grandes corporações de controle do planeta animava Cíntia. Quem sabe, depois que tudo aquilo acabasse, ela não conseguiria recomeçar seu namoro com Tom? Havia aprendido a gostar dele, de sua rebeldia, de seu jeito de ser. Mas aquela demora começava a preocupá-la:

— Tom está demorando a fazer contato...

— Será que ele desistiu? — perguntou Cris.

— Ele não seria tolo de fazer isso — respondeu Roger.

— Eu não sei... Nunca acreditei muito na rebeldia do Tom — disse Danilo. — E eu tenho certeza de que, se dependesse dele, a Vórtex nunca acabaria.

— Mas isso não importa agora. Ele não vai apostar a própria vida por causa dessas viagens idiotas. Gostando ou não da Vórtex, ele não tem escolha — disse Roger.

— Tomara que você esteja certo — disse Rose.

Roger levantou-se, colocou-se à frente do grupo e disse, com firmeza:

— Pois eu tenho certeza de que hoje é o grande dia. O dia em que vamos iniciar a derrocada dessa insuportável previsibilidade que dominou o mundo!

— É isso mesmo, Roger. As massas novamente vão tomar consciência de suas próprias vidas. E nós estaremos no comando! — bradou Danilo.

— Bem — disse Cíntia —, é meio-dia agora. Vamos aguardar mais um pouco...

Tom dobrou a esquina e alcançou a quadra onde se localizava a Vórtex. Havia corrido muito, estava quase sem fôlego. Conectou-se com Patrícia, que também já entrava numa loja da Vórtex. Sincronizaram seus relógios. Em exatos dois minutos estariam em 1970.

Deu certo. Tom e Patrícia estavam na vida de Silvinho e Soraya. Ela contava a notícia que tinha para dar:

— Eu estou esperando um bebê!

Tom nunca imaginara que pudesse sentir uma felicidade daquele tamanho. O abraço que Silvinho deu em Soraya tinha um calor tão grande que ele podia senti-lo em seu próprio corpo.

O bebê nasceria dentro de sete meses, bem na época em que a Doce Magia daria um passo importante: a mudança para um galpão novinho em folha, que Silvinho mandara construir para dar conta dos novos contratos de fornecimento de doces que ele fechara com uma grande rede de supermercados. O que de melhor poderia acontecer?

Tom sentia que aquela era a vida que sempre quisera ter. Era como se aquelas vitórias fossem dele também. Silvinho tinha o mundo inteiro em suas mãos, e o futuro só dependia dele, de seu esforço, de suas decisões. Sentia-se cada vez mais atraído por aquele tempo, por aquela vida de caminhos tortos, mas cheia de surpresas, de imprevisibilidades.

Patrícia sentia o mesmo, seu coração pulsava. A gravidez de Soraya era uma surpresa para ela também. Uma gravidez que surgia do nada, de um sentimento apenas, sem contas, sem testes de compatibilidade, sem escolha de sexo, cor dos olhos ou dos cabelos do bebê. Tudo aquilo era incrível! Como era fantástico aquele mundo!

CAPÍTULO 17

Duas viagens coincidentes.

Em pontos opostos do país, dois clientes estavam no mesmo tempo. Um tempo sob a mira do rastreamento da segurança da Vórtex: Rio de Janeiro, Brasil, 1970, período do governo militar. E não era a primeira vez que ambos visitavam suas vidas naquela época.

Lina foi chamada por Otávio, um dos analistas da equipe que ela havia montado para o monitoramento. De fato, a coincidência era grande, pensou Lina, convocando Hervana:

— Seria bom que você viesse até aqui, acho que identificamos um movimento suspeito.

Otávio pediu a Lina que se aproximasse da tela.

— Veja só! Um dos clientes está bem aqui perto de nós — disse ele.

Lina alarmou-se. Um dos clientes estava numa loja da cidade, justo a que ficava próximo de sua casa. Conferiu o código do cliente. Seu pior pesadelo tornou-se realidade: aquele era o código de Tom. Seu irmão havia sido pego.

Hervana entrou na sala para acompanhar a situação. Realmente havia algo estranho ali. Dois clientes acessaram a mesma cidade, o mesmo bairro, a mesma rua. E o momento era exatamente o mesmo: 12 de setembro de 1970, às 17h35.

— Precisamos agir rapidamente — disse ela. — Vou acionar as equipes móveis de segurança da Vórtex.

— Você não está se precipitando, Hervana? Acho que precisamos aguardar mais um pouco para ter certeza. Isso pode ser apenas uma coincidência, ou um erro do sistema! — argumentou Lina, nervosa.

— Esperem, temos mais um dado! — disse Otávio. — Além de irem ao mesmo local, os dois clientes entraram no sistema do PP-5 exatamente na mesma hora! Isso configura claramente um caso suspeito!

Hervana reiterou que precisavam agir rápido. Pediu a localização das lojas onde estavam os clientes suspeitos. Otávio prontamente respondeu:

— Um está aqui mesmo na cidade! E outro no Pará. Enviei os dados para o seu dispositivo.

Hervana sorriu. Seria fácil encontrá-los. Acionaria a central de segurança da Vórtex e em seguida faria contato com a matriz da companhia para comunicar o progresso da operação. Em breve os suspeitos seriam pegos.

Lina assistia a tudo atônita, sem saber o que fazer. Ela tentou colocar seus pensamentos em ordem assim que Hervana saiu. Não teria como deixar a sala de monitoramento e chegar antes da equipe de segurança à loja onde Tom estava. Precisava tirá-lo de lá imediatamente.

❖❖❖

Quinze minutos haviam se passado após o meio-dia. Roger via seu plano ruir. O plano para o qual havia dedicado pelo menos um ano de sua vida. O plano com o qual poderia se tornar um membro respeitado na comunidade que combatia secretamente as grandes corporações mundiais, aquelas que cresciam e prosperavam na mesma velocidade com que aumentava a alienação das pessoas no mundo.

Ele havia pensado em tudo. Escolhera Tom por sua rebeldia e parentesco com a mais importante funcionária de segurança da Vórtex. Ingressara no grupo do Find-app criado por ele. Convencera Cíntia a se passar pela bruxinha. Conseguira finalmente facilitar o ingresso dela na Vórtex. E agora, quando tudo parecia certo, aquela falta de notícias...

— Faça contato com o Tom, Cíntia!

— Eu já fiz.

— Pois faça de novo!

— Ele não responde! E a localização dele está bloqueada pra mim...

— Pra todos nós — disse Danilo. — Ninguém aqui consegue contato com o Tom.

— Lina! — exclamou Roger. — Fale com ela, Cíntia. Esqueça o Tom, fale direto com a Lina. Talvez ainda dê tempo...

— Mas o que eu digo pra ela?

— Diga que está estranhando a demora... pergunte se ela já fez contato com a DIP, sei lá! Invente alguma coisa, nós precisamos colocar você dentro da Vórtex o mais rápido possível!

❖❖❖

Na cabine da Vórtex, Tom se esqueceu do tempo. Nada mais importava depois daquela notícia que o preenchera de alegria. As lágrimas que enchiam os olhos de Silvinho eram as mesmas que enchiam os olhos dele. Para Tom, que nunca pensara em ser pai, aquela emoção era mais do que surpreendente. Era um renascimento. Tudo começava a fazer sentido. A vida começava a fazer sentido.

Pensava no futuro. Mas não no seu. Pensava no futuro de Silvinho. A fábrica de doces progrediria, com certeza. Era possível sentir o cheiro de sucesso no ar. O negócio iria longe, conquistaria o país, quem sabe o mundo! E Silvinho ganharia da vida a recompensa merecida pelos dias difíceis, por todo o sofrimento que passara. Viveria de seu trabalho, construiria sua família, seria feliz.

Lembrou-se de Patrícia. Tinha certeza de que ela estava sentindo o mesmo que ele.

✦✦✦

Na sala de monitoramento, Lina acompanhava ao lado de Otávio os circuitos da viagem suspeita. Ao mesmo tempo, ouvia Hervana andando pela sala, em contato com a matriz da Vórtex. Segundo ela, os invasores seriam pegos antes que tivessem tempo de agir para prejudicar a companhia.

Lina ouvia a conversa pensando no que fazer. Hervana ainda não sabia que um dos clientes figurava na lista de atenção do governo, muito menos que ele era Tom. Isso lhe dava tempo de pensar em alguma saída. Mas qual?

Seu dispositivo soou. Era Cíntia. O chamado da namorada de Tom não poderia ter vindo em melhor hora. Lina levantou-se e saiu da sala.

— Onde você está, Cíntia?

— Oi, Lina! Eu...

— Você sabe onde o Tom está?

— Não sei, Lina, eu também quero falar com ele, mas o Tom sumiu! E eu preciso falar com você sobre a vaga...

— Não há tempo pra isso agora, Cíntia. Preste atenção. O Tom está em perigo. Eu preciso que você o ajude, mas você tem que ser rápida...

❖❖❖

Patrícia sorriu ao conferir seus créditos. Ainda tinha muitos para gastar naquela vida. Ela se sentia cada vez mais envolvida com Soraya e com tudo o que lhe acontecia. Quem poderia imaginar! Aquela menina que havia fugido de casa, desistido da própria família, agora estava ali, feliz, bem-sucedida e prestes a tornar-se mãe! Patrícia podia sentir a felicidade de Soraya. Era como se fosse dela! E sentia-se ansiosa também, como Soraya! Tantas providências a tomar... Não era todo dia que a vida mudava daquela maneira. Como seria ser mãe? Como seria gerar um bebê dentro da própria barriga? Como seria entregá-lo ao mundo? Seria uma menina? Um menino? Eram muitas perguntas, que só o tempo responderia. O tempo maravilhoso que Soraya passaria esperando seu bebê, ao lado do homem que amava, cuidando de seu futuro.

Patrícia estava feliz como nunca revivendo aquela sua vida do passado. E tinha uma estranha certeza de que Tom sentia o mesmo que ela.

❖❖❖

— E então? O que foi que a Lina disse? — Roger estava ansioso pela resposta. Dela dependia o seu futuro.

— Ela disse que o Tom está em perigo. E pediu que eu fosse avisar isso pra ele.

— Mas o que foi que aconteceu? O Tom falou com ela sobre a vaga? Ela já acionou a DIP? Ainda temos tempo?

— Ela não disse nada, Roger. Eu perguntei, mas ela não respondeu. Estava muito aflita. Só pediu que eu fosse correndo até a loja da Vórtex.

Roger organizou seus pensamentos. Tom ainda era precioso para seu plano, mesmo não podendo concretizá-lo naquele momento. Era preciso salvá-lo.

— Você sabe onde ele pode estar?

— Na loja da Vórtex perto da casa dele.

— Então vamos pra lá agora, precisamos salvar o Tom — disse Roger.

Todos deixaram a sede da organização e apertaram-se dentro do veículo. Danilo tomou a direção e partiu a toda velocidade para a loja da Vórtex onde Tom estava.

✦✦✦

Na sala de monitoramento, Hervana assistia a tudo satisfeita. O trabalho ia muito bem. E aquela ameaça acabara se mostrando um trunfo para seu projeto pessoal de crescimento dentro da Vórtex. Depois de conseguir colocar a subsidiária brasileira dentro do seleto grupo que lançaria o PP-1000, agora ela conseguia evitar um ataque à companhia.

O comando havia sido dado. As equipes de segurança da Vórtex provavelmente já haviam cercado as duas lojas onde estavam os clientes suspeitos. Discretamente, eles seriam monitorados pela companhia e, assim que fossem autorizadas pelo órgão governamental competente, as apreensões seriam feitas. Tudo de forma discreta, sem escândalos que pudessem manchar a imagem da Vórtex.

— E o que vai acontecer com eles?

— Eles quem?

— Com os suspeitos, Hervana! O que vai acontecer com eles?

— Isso não é da nossa competência, Lina, fique calma...

— Hervana, eu preciso falar com você...

Um chamado fez Hervana interromper a fala de Lina. Era da matriz, convocando-a para uma videoconferência. A primeira reunião para o lançamento do PP-1000 começaria em breve, ela precisava ir.

Assim que Hervana deixou a sala, Otávio chamou Lina. Havia uma tensão exagerada na viagem suspeita.

— Nunca vi isso acontecer — disse ele.

Lina analisou os sensores de frequência da viagem. Os níveis de fato estavam muito acima do que o sistema suportava. Era incompreensível. A viagem já deveria ter sido suspensa de forma automática para evitar pane. Mas ela continuava. Se nada fosse feito, algo aconteceria. Mas o quê?

Lina lembrou-se imediatamente dos clientes suspensos. Talvez estivesse ali a explicação para o mistério. Talvez outros tenham tentado uma viagem simultânea como aquela, quem sabe os mesmos que acabaram na lista dos clientes suspensos da Vórtex. Tom estava realmente em perigo.

— Vamos interromper a viagem manualmente, Otávio! — disse Lina.

— Não acho uma boa ideia! — disse ele. — Vamos aguardar mais um pouco. É preciso ter certeza de que as equipes de segurança já estão a postos.

Lina arrancou Otávio da cadeira. Sentou-se no lugar dele e acionou o sistema emergencial de evacuação das cabines onde estavam os clientes suspeitos.

✦✦✦

POR MOTIVOS DE SEGURANÇA, A SUA VIAGEM SERÁ FINALIZADA EM DEZ SEGUNDOS.

O aviso despertou Tom para a realidade. Conferiu as horas. O tempo passara e ele não percebera. Num relance, lembrou-se de Cíntia, de Roger e do Inconfidência Mineira. Lembrou-se também de Lina, sua irmã, a única pessoa que despertava nele alguma paz, alguma sensação boa. Mas nada que se comparasse ao que sentia na cabine da Vórtex. Ali não havia apenas paz; havia amor. Amor por uma mulher, amor por um trabalho, amor por um futuro.

Sentiu um leve impulso de sair dali, a vida real estava à sua espera. Era preciso enfrentá-la. Continuar com o plano do Inconfidência Mineira, fazer seu prognóstico profissional, voltar para as sobremesas no Cassiopeia. Mas ele não conseguia. Não podia perder para sempre a vida de Silvinho.

Patrícia também se negava a abandonar a vida de Soraya. Era como se tudo que queria da vida estivesse ali, ao lado de Silvinho. A felicidade de tornar-se mãe, ter todo o tempo do mundo ao lado de quem amava, construir uma vida linda com Silvinho.

8... 7... 6... O tempo corria. Tom não queria ir embora, queria acompanhar Silvinho. Os dois lutariam, enfrentariam todos os desafios, construiriam a vida que sonhavam naquele momento e lugar. Viveriam juntos aquela vida sem prognósticos, sem controle, cheia de surpresas pelo caminho.

    Patrícia sentia o mesmo. Não conseguia se livrar da vida de Soraya. As duas haviam se tornado uma única pessoa.

POR MOTIVOS DE SEGURANÇA, A SUA VIAGEM SERÁ FINALIZADA EM CINCO SEGUNDOS.

5...

4...

3...

Patrícia e Tom conectaram-se no mesmo desejo. Suas vontades, suas almas estavam com Silvinho e Soraya. Ali, naquela vida, eles encontrariam a verdadeira felicidade.

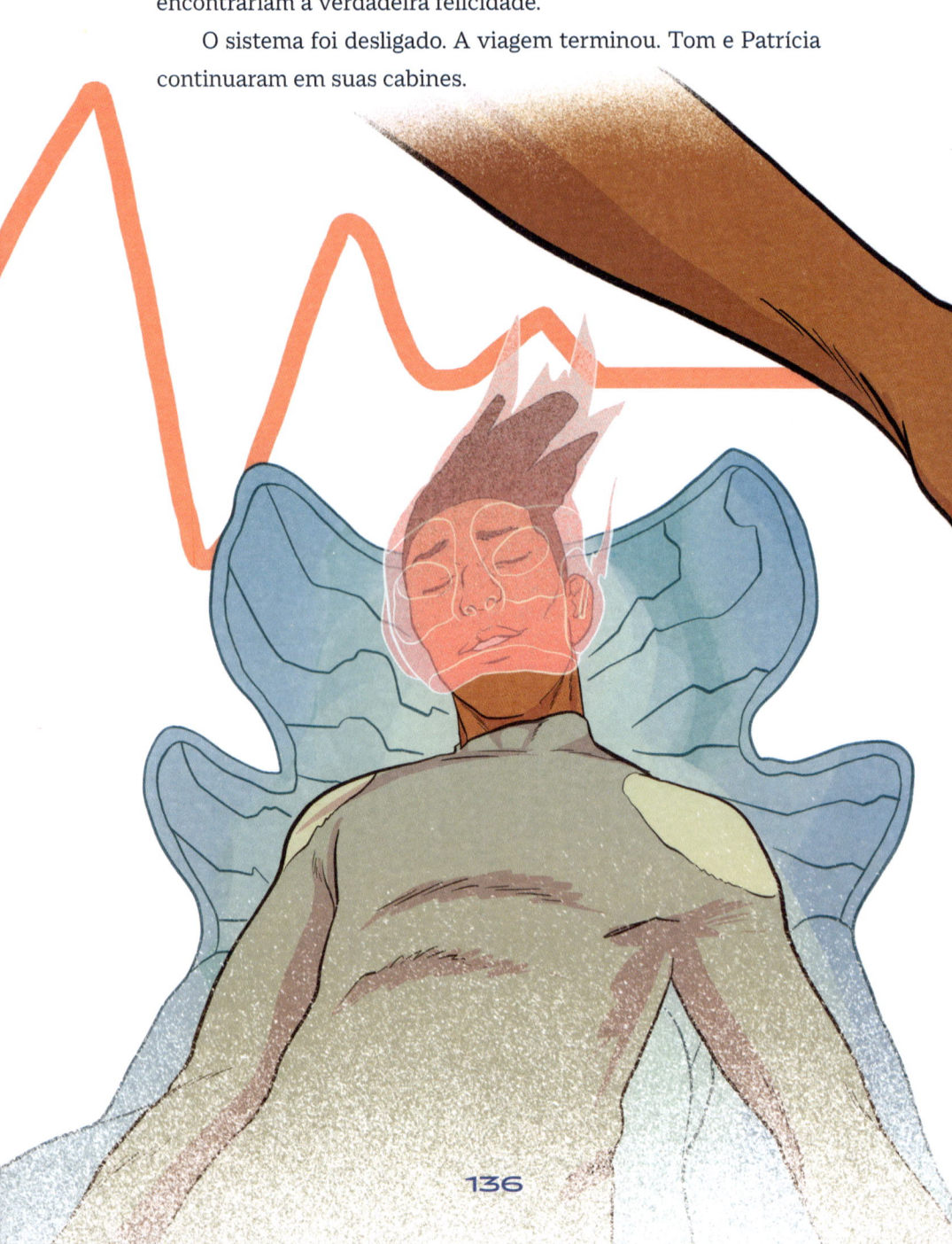

O sistema foi desligado. A viagem terminou. Tom e Patrícia continuaram em suas cabines.

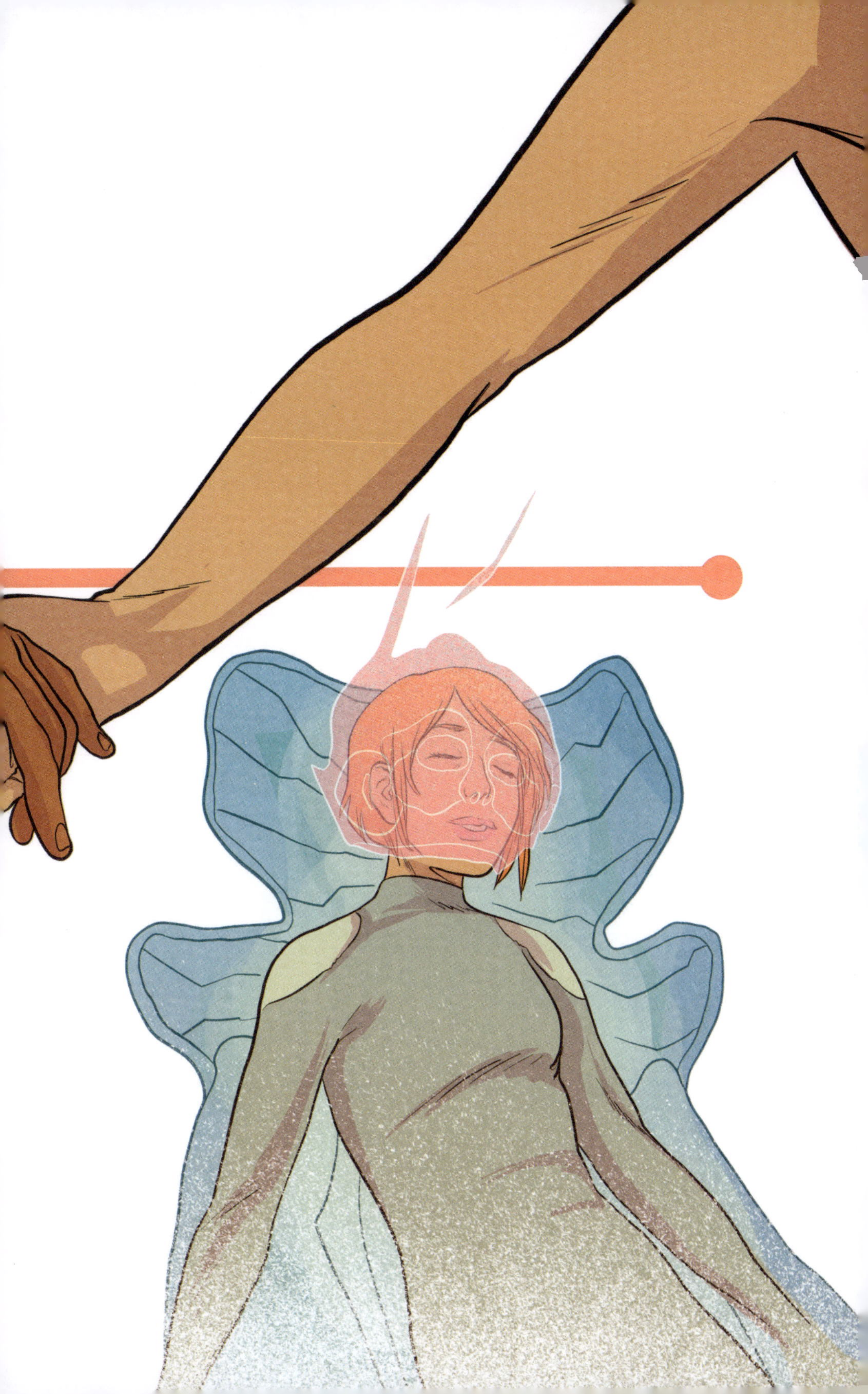

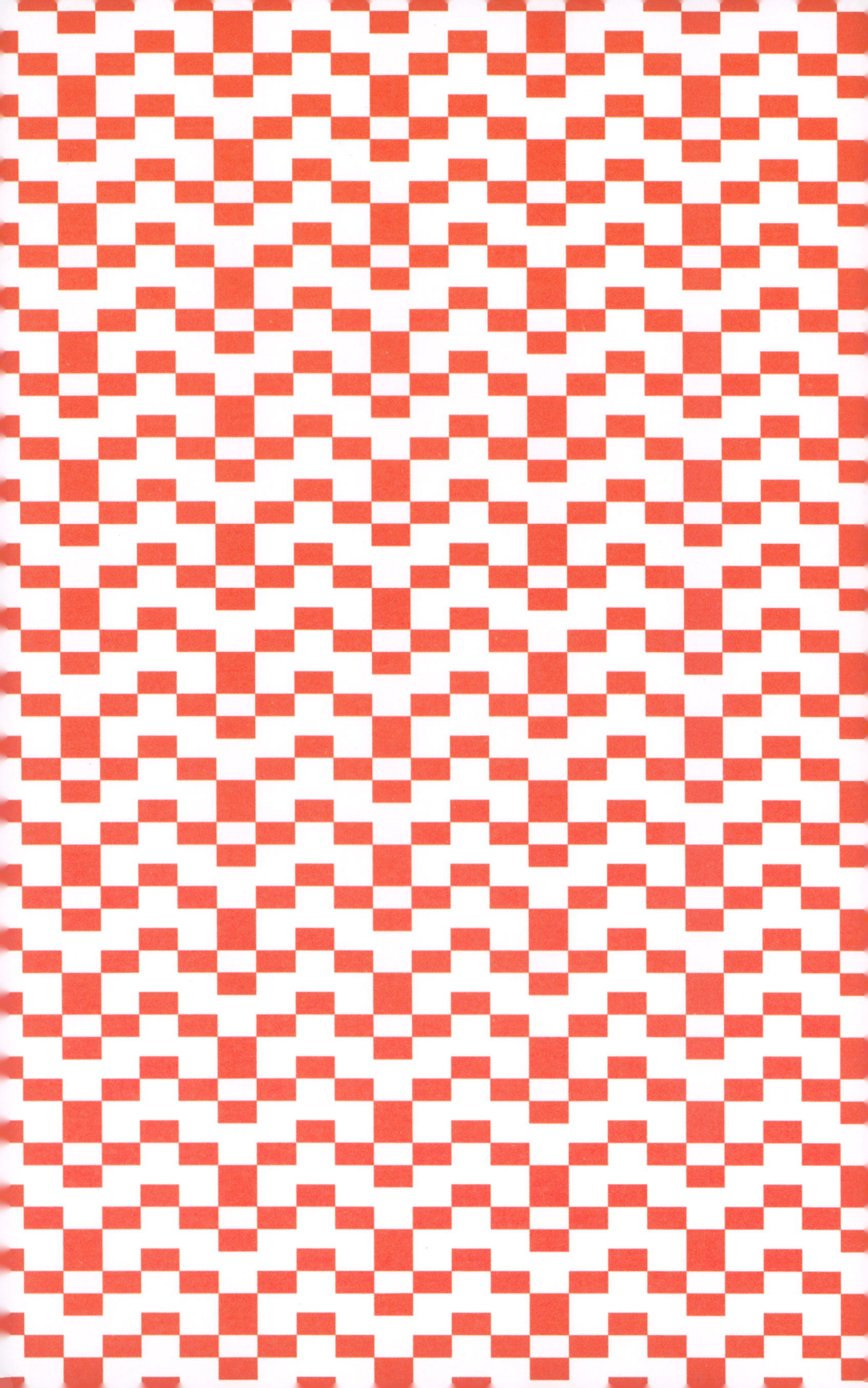

EPÍLOGO

Lina abriu a porta de casa e encontrou seus pais na sala. Os três jantaram juntos, conversaram sobre o trabalho que fizeram durante o dia. Depois, Lina foi até a pequena varanda na lateral da casa, como fazia todas as noites, para olhar o céu e pensar na vida. Estava em Gliese, a 22 anos-luz da Terra.

Sua vida havia mudado bastante desde que deixara a Vórtex e conseguira uma vaga na nova colônia, onde os pais já moravam. Seu trabalho era simples, numa cozinha experimental, na qual integrava um grupo que pesquisava alimentos compatíveis com o ecossistema de Gliese. A vida era dura, o conforto era pouco, mas Lina não se arrependia de sua escolha. Ali vivia tranquila e em paz, apesar das saudades que sentia de Tom.

O que havia acontecido na Vórtex ainda a intrigava. O desfecho da operação para capturar os prováveis sabotadores da companhia havia saído totalmente do controle. Antes que as equipes de segurança da Vórtex pudessem agir, seis jovens invadiram a loja, vasculharam todas as cabines e encontraram Tom. Quase ao mesmo tempo, do outro lado do país, outra jovem foi encontrada sem vida numa loja da companhia.

Não houve como conter o escândalo, apesar dos esforços da Vórtex. Não havia como explicar a morte daqueles dois jovens em suas lojas no mesmo dia, na mesma hora. Uma legião de clientes abandonou o PastPlus, as ações da companhia despencaram e metade de suas filiais pelo mundo teve que ser fechada. O projeto de lançamento do PP-1000 foi colocado numa gaveta virtual por tempo indeterminado.

O escândalo da Vórtex fez surgir um movimento mais forte contra as grandes corporações que dominavam o planeta. Em vários países, pequenos grupos, em geral formados por jovens, começaram a falar sobre um mundo menos previsível, com menos prognósticos, menos certezas. Lina gostava de ouvir o que aqueles jovens tinham a dizer. Imaginava que Tom, se estivesse vivo, certamente seria um deles. E talvez encontrasse naquele novo movimento a motivação que não tivera em sua breve vida.

Antes de deixar a companhia e mudar-se para Gliese, Lina cobrou de Hervana a participação no grupo de trabalho que analisava os clientes suspensos. Ainda procurava uma explicação para aquele mistério. Foi quando recuperou sua alegria e vontade de recomeçar a vida. Pelas imagens registradas no interior das cabines, ela descobriu que todos os clientes suspensos da Vórtex haviam deixado o mundo sorrindo.

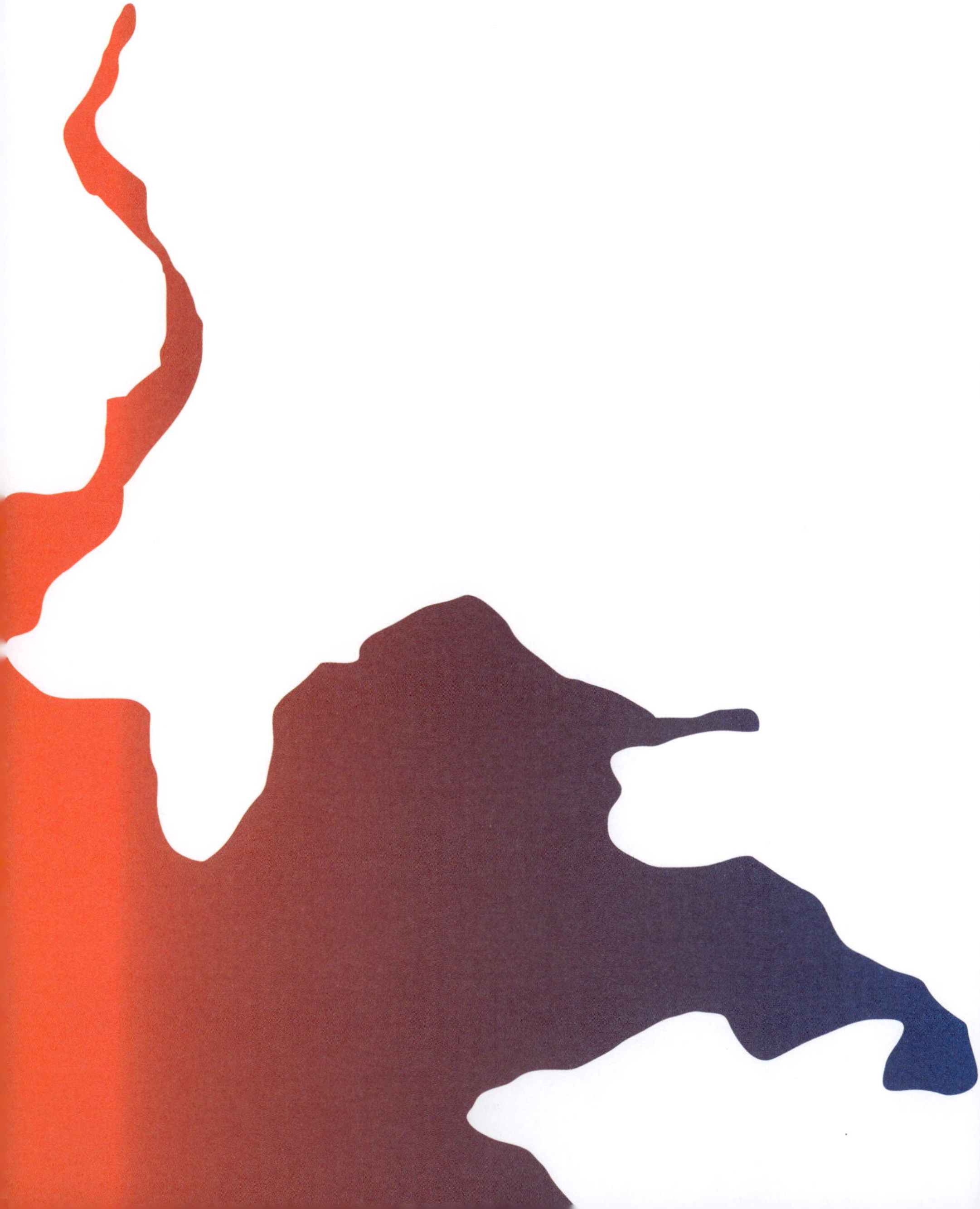

SOBRE A AUTORA

LUCIA SEIXAS

Nasci em Niterói (RJ), em 1959. Sou uma daquelas pessoas que nasceram com o bichinho da curiosidade, pois, desde que me entendo por gente, adoro estudar e conhecer coisas novas. Formada em Jornalismo, exerci a profissão por trinta anos. Depois da faculdade, fiz um MBA em Gestão pela Qualidade Total (Latec/UFF), uma pós-graduação em Edição e Gestão Editorial (Nespe) e um mestrado em Ciência da Informação (Ibict/UFRJ).

Comecei escrevendo livros como *ghost-writer* enquanto ainda trabalhava para jornais e revistas. Certa vez, recebi a tarefa de escrever uma reportagem especial, para uma grande revista feminina, sobre as pessoas que esperavam pela doação de um órgão no Brasil. Eu não imaginava as dificuldades que os pacientes e profissionais envolvidos nos transplantes enfrentavam. Depois disso, um dia acordei com uma história na cabeça, um romance que tinha como pano de fundo essa questão dos transplantes. Escrevi o livro ao longo de alguns anos, e, em 2010, ele foi lançado pela FTD, chama-se *Procura-se um coração*.

Dali em diante, percebi que escrever livros era o que eu queria fazer e não parei mais. Depois, vieram *Nove meses* (2015) e *Tito quer saber!* (2015).

Tenho quatro filhos e três netos, com quem adoro brincar e passar o tempo.

SOBRE O ILUSTRADOR

MAGENTA

Sou designer de formação, ilustrador por opção e quadrinista por insistência.

Nasci em 1985 em São Paulo (SP), cursei Artes Gráficas no Senai Theobaldo de Nigris e Desenho Industrial no Mackenzie. Atuei durante uma década como designer em editoras e estúdios de design até desistir de tentar esquecer a vontade de trabalhar com desenho. Passei então a fazer ilustrações para revistas e publicidade. Isso aconteceu no mesmo ano em que decidi começar a publicar meus quadrinhos autorais. Desde 2011, produzo regularmente álbuns de quadrinhos independentes, sozinho ou com outros artistas brasileiros, alguns pelo meu selo Kuri Comics. Em 2015, lancei meu primeiro álbum solo de quadrinhos, intitulado *9 horas*. Nele, inspirado em minha primeira viagem ao Japão, conto a aventura de um casal perdido num jogo mortal no país. Esse álbum foi publicado na Polônia pela editora Mandioca. Também dei aula de desenho e quadrinhos por oito anos na Quanta Academia de Artes, e atualmente divido meu tempo entre projetos de quadrinhos para os Estados Unidos e a França e aulas no meu curso *on-line* de formação de quadrinistas.

Produção gráfica

FTD educação | GRÁFICA & LOGÍSTICA

Avenida Antônio Bardella, 300 - 07220-020 GUARULHOS (SP)
Fone: (11) 3545-8600 e Fax: (11) 2412-5375

A - 937.450/25

Acesse o catálogo *on-line*
de literatura da FTD Educação

A comunicação impressa
e o papel têm uma ótima
história ambiental
para contar

TWO SIDES
www.twosides.org.br